Nicole Laue

# Administrator Praxis
# Grundlagen Exchange Server

Verlag Nicole Laue

FSC
www.fsc.org
MIX
Papier aus verantwortungsvollen Quellen
Paper from responsible sources
FSC® C105338

Bibliografische Information der Deutschen Bibliothek:
Die Deutsche Bibliothek verzeichnet diese Publikation in der Deutschen Nationalbibliografie; detaillierte bibliografische Daten sind im Internet über http://dnb.ddb.de abrufbar.


Herstellung: BOD, Books on Demand, Norderstedt
Titelfoto: iStock.com/ Anatoliy Sizov
ISBN: 978-3-937239-99-6

# Inhaltsverzeichnis

# 1 Grundlagen Exchange Server 2019

Der Exchange Server ist einer der wichtigsten Mailserver auf dem Markt. Seine Einrichtung ist aber relativ komplex und bedarf einiger Hintergrundinformationen.

Bevor wir mit der Einrichtung des Exchange Servers beginnen können, müssen wir uns zunächst mit den Grundlagen beschäftigen.

## 1.1 Was ist ein Exchange Server?

Der Exchange Server ist ein Microsoft Produkt, das auf einem Serverbetriebssystem installiert wird und in erster Linie als Mailserver dient.

Alle Angestellten im Unternehmen können sich mit ihren Clients zum Exchange Server verbinden und dort auf ihre eingegangenen E-Mails zugreifen, diese liegen dort in Postfächern.

Die Benutzer können über den Exchange Server E-Mails sowohl empfangen als auch verschicken.

Weitere Funktionen des Exchange Servers sind die Überprüfung der eingehenden Mails auf Viren, Schadsoftware und unerwünschten Anhängen. Erst nach der Prüfung werden die E-Mails den Benutzern zur Verfügung gestellt.

Der Exchange Server kann aber nicht nur die E-Mails verwalten, er hat auch noch die Funktionen einer Kalender-, Kontakt-, Terminplanungs- und Kollaborationsplattform.

Der Zugriff auf den Exchange Server kann sowohl von Desktopgeräten, als auch von Mobilgeräten oder anderen webbasierten Systemen aus initiiert werden.

Betrachten wir die grundsätzliche Funktionsweise eines Exchange Server:

Der Exchange Server empfängt Mails.

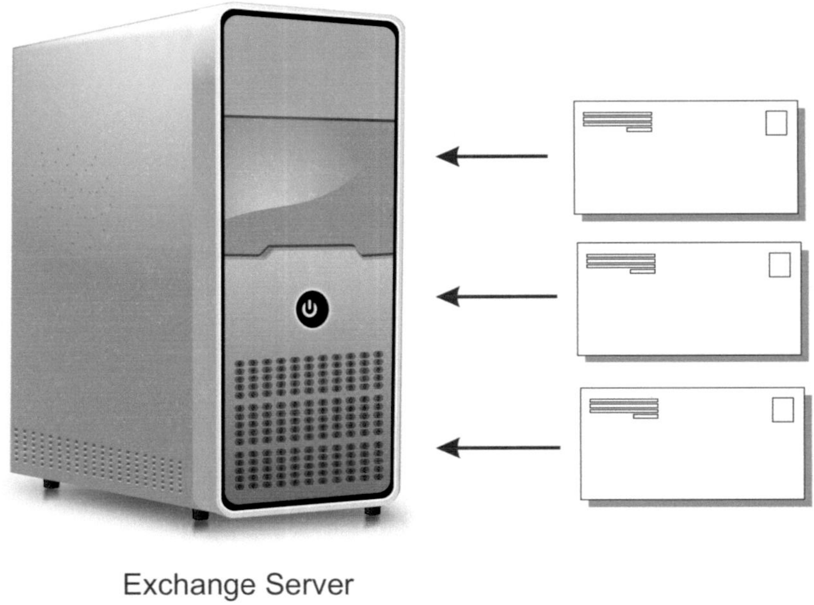


*Abbildung 1.1: Mailempfang*

Zuvor haben Sie eine E-Mail-Domäne festgelegt, also den Namensraum, in dem sich die E-Mail-Adressen befinden. Diese E-Mail Domäne muss öffentlich bekannt sein, damit die öffentlichen DNS-Server die Mails an den Exchange Server weiterleiten können.

Der Exchange Server legt die E-Mails dann in den Postfächern der einzelnen Mitarbeiter ab.

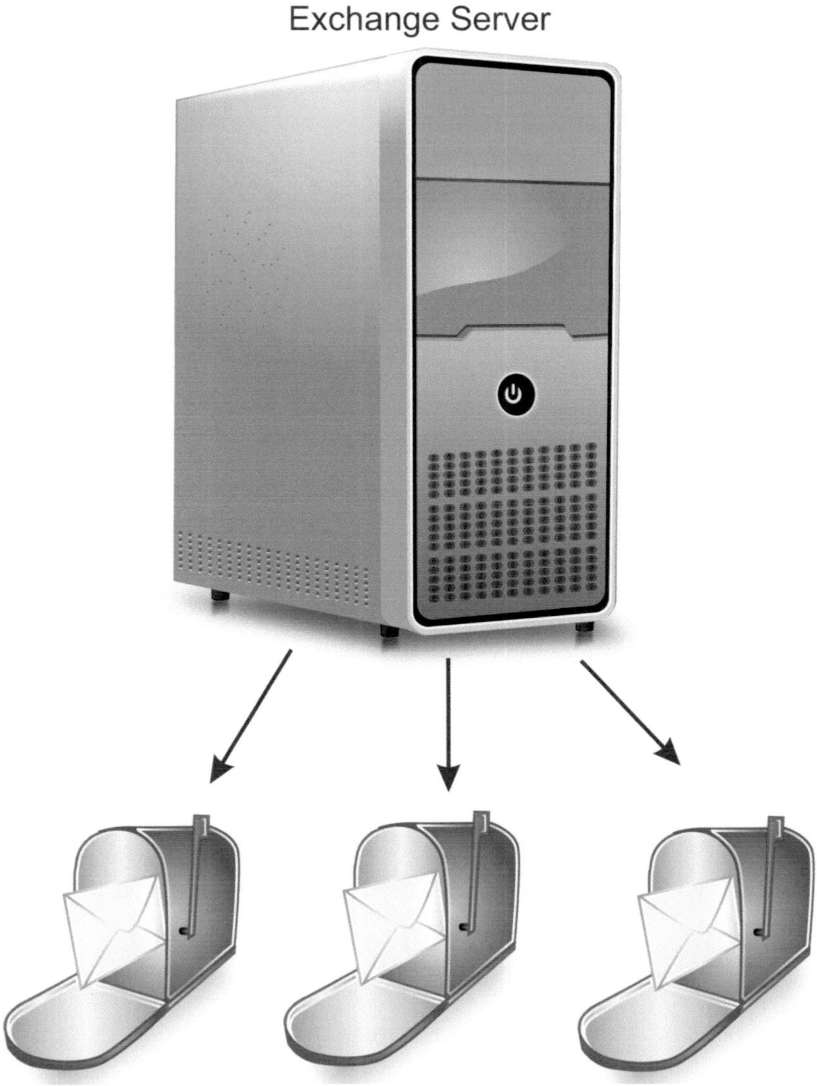


*Abbildung 1.2: Ablage in Postfächern*

Auf diese Postfächer können die Mitarbeiter dann zugreifen und ihre Mails lesen, in den meisten Fällen wird der Zugriff mit Outlook vorgenommen.

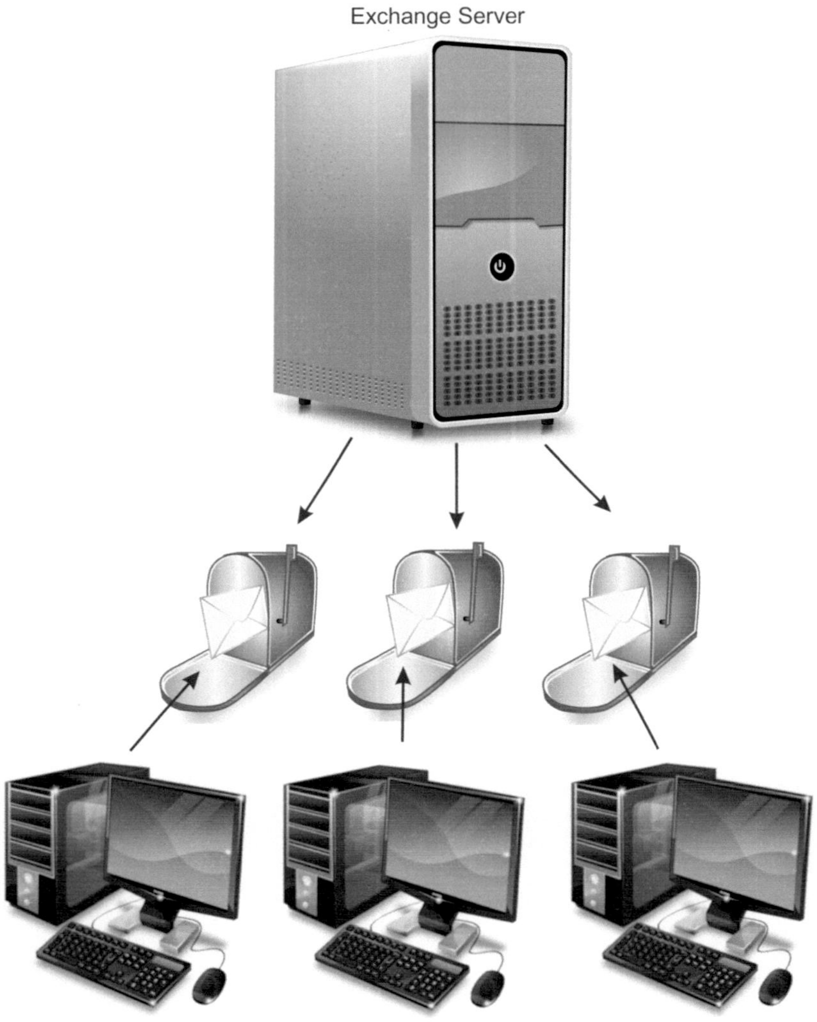


*Abbildung 1.3: Zugriff auf Postfächer*

Nicht nur E-Mails, sondern auch die Kalenderdaten werden zentral auf dem Exchange Server gespeichert.

## 1.2 Serverrollenarchitektur

Der Exchange Server kann mit verschiedenen Funktionen installiert werden, diese werden „Funktionsrollen“ genannt.

Zum Glück hat Microsoft die Rollenfunktionen verringert, seit Exchange Server 2016 gibt es nur noch zwei Funktionsrollen:

- Server-Postfach-Rolle
- Edge-Transport-Rolle

### 1.2.1 Server-Postfach-Rolle

Betrachten wir zunächst die Server-Postfach-Rolle.

Dies ist die Rolle, die im internen Netzwerk installiert wird.

Auf diesem Server werden folgende Funktionen ausgeführt:

#### *Transportdienst*

Mithilfe des Transportdiensts wird der SMTP Nachrichtenfluss, also der eingehende Nachrichtenverkehr, verarbeitet.

#### *Clientzugriffsdienste*

Die Clientzugriffsdienste stellen die Zugriffsmöglichkeiten für die Clients dar. Man bezeichnet dies als „Protokollendpunkte“.

Genauer gesagt handelt es sich hierbei um die Protokolle

- HTTP
- POP3
- IMAP4
- SMTP

In der Version Exchange Server 2016 gab es noch zusätzlich die Protokolle

- SIP
- RTP (Real-Time Transport Protocol)

Diese sind in Exchange Server 2019 nicht mehr vorhanden.

Diesen Teil der Funktion kann man folgendermaßen darstellen:

*Abbildung 1.4: Clientzugriffsdienste*

## Postfachdienst (Mailbox)

Der Postfachdienst stellt die Postfächer zur Verfügung, in denen die Mails aufbewahrt werden. Er übernimmt auch die Darstellung der Mails für den Zugriff über Outlook on Web.

Diese Rolle des Exchange Servers wird im internen Netzwerk installiert und ist das Kernstück.

Natürlich kann und sollte ein Exchange Server hochverfügbar gemacht werden.

### 1.2.2 Edge-Transport-Rolle

Eine zweite Rolle ist die Edge-Transport-Rolle.

Ein Edge-Transport-Server wird im Perimeter Netzwerk installiert und dient als vorgelagerte Schnittstelle der Exchange-Organisation zum Internet.

Er ist kein Mitglied des internen Active Directory und hat keinen Zugriff auf Active Directory Informationen.

Auch hat er keine Funktionen zur Bereitstellung von Postfächern.

Ein Edge-Transport- Server hat nur die Funktion, des E-Mail Transports und die Möglichkeit, eine Anti-Malware Lösung zu installieren.

Eine schematische Darstellung einer möglichen Exchange-Organisation könnte folgendermaßen aussehen:

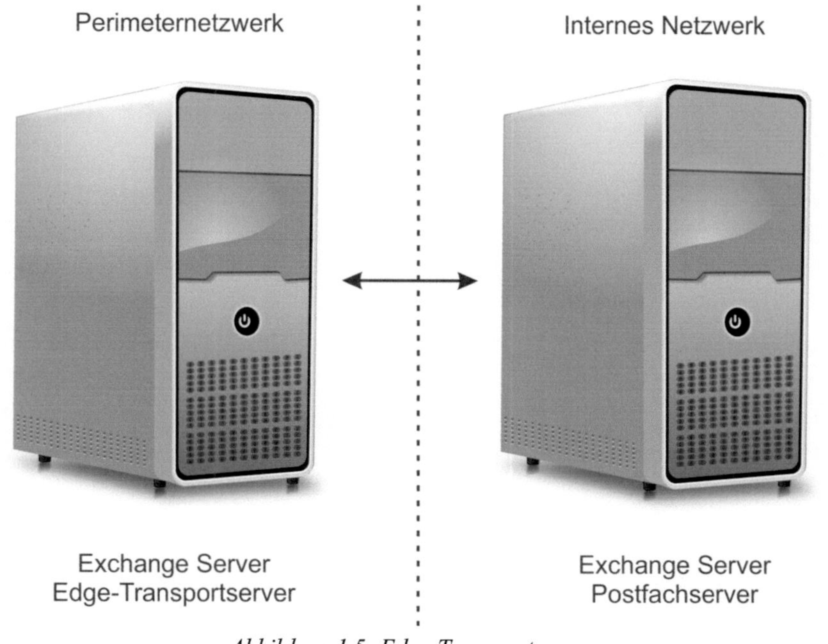


*Abbildung 1.5: Edge-Transportserver*

## 1.3 Client-Server Kommunikation

Natürlich ist der Zugriff der Clients auf den Exchange Server von großer Bedeutung.

Wie schon erwähnt, übernimmt der Postfachserver die Zugriffsdienste und ist somit die Steuerungseinheit für die Clients.

Betrachten wir noch einmal dieses Bild:

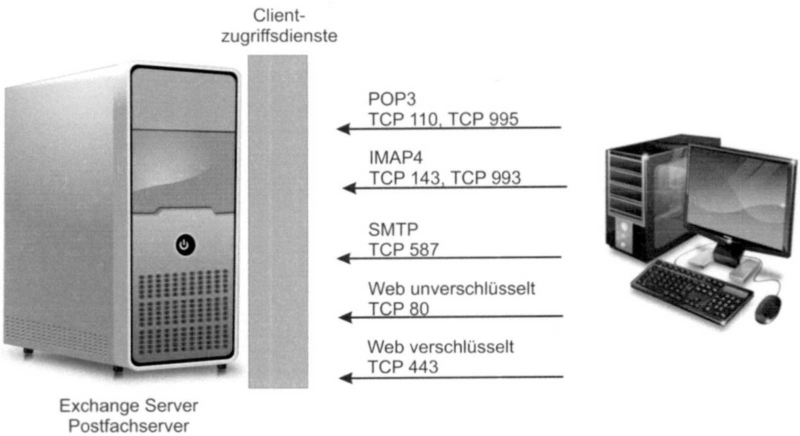


*Abbildung 1.6: Zugriffsprotokolle*

Sie sehen, dass hier verschiedene Kommunikationswege dargestellt werden, wie auf den Exchange Server von der Clientseite aus zugegriffen werden kann.

Exchange Server stellt viele aktivierte Zugriffsmöglichkeiten zur Verfügung.

Der auf den Benutzerrechnern installierte E-Mailclient bestimmt, welche Möglichkeit des Zugriffs genutzt werden kann, abhängig davon, welche Protokolle von ihm unterstützt werden.

### *SMTP*

Das Protokoll SMTP ist natürlich für das Versenden von Mails.

Der Versender authentifiziert sich am Mailserver, damit ein Missbrauch für Spam nicht möglich ist.

Für authentifiziertes SMTP wird der Port 587/TCP benutzt.

Nun kommen wir zu den Protokollen für das Empfangen von Mails.

## *POP3*

Diese Abkürzung bedeutet „Post Office Protocol 3".

Mit diesem Protokoll können von einem E-Mailclient aus die Mails lokal heruntergeladen werden, um sie dort zu lesen und zu bearbeiten.

Die Mails werden normalerweise nach dem Abruf auf dem Server gelöscht. Mittlerweile können die Programme die Löschung auch verhindern, und die Mails auf dem Server belassen.

Diese Kommunikation ist einseitig, das heißt, es findet kein Datenaustausch vom Client her in Richtung Postfachserver statt. Dadurch kann auf dem Postfachserver auch keine Information hinterlegt werden, welche Mails bereits bearbeitet sind.

POP3 ist das einfachste und älteste Protokoll für die E-Mailkommunikation.

POP3 kommuniziert über die Ports 110/TCP oder 995/TCP (sicheres POP3).

## *IMAP4*

IMAP ist die Abkürzung für „Internet Message Access Protocol".

IMAP ist moderner als POP3, denn die Mails werden nicht gelöscht, sondern bleiben auf dem Mailserver und können von dort wieder abgerufen werden.

Der Abruf der Mail erfolgt selektiv, es werden immer nur die Mails vom Server geladen, die gelesen werden sollen.

Die Kommunikation ist bidirektional, der Client meldet dem Postfachserver, welchen Bearbeitungsfortschritt eine bestimmte Mail hat.

IMAP4 kommuniziert über die Ports 143/TCP oder 993/TCP (sicheres IMAP).

## *HTTP*

Nun kommen wir zu der Kommunikation über HTTP.

Dies ist die unverschlüsselte Kommunikation über das Internet, hierbei wird Port 80 TCP benutzt.

Diese wird in erster Linie verwendet, wenn sich der E-Mail Client im

Internet befindet.

Generell ist die Kommunikation über unverschlüsseltes HTTP nicht zu empfehlen. Allerdings gibt es einige Szenarien, in denen es keine andere Möglichkeit gibt.

### *HTTPS*

Das letzte Client-Zugriffsprotokoll ist HTTPS, das über Port 443 TCP kommuniziert.

Diese ist eine verschlüsselte Kommunikation über HTTP, mit Zertifikat abgesichert.

Dies ist die empfohlene Art und Weise, wie Sie vom Client aus auf den Exchange Server zugreifen sollten.

## 1.3.1 Microsoft Outlook

Betrachten wir den E-Mail-Client, der am häufigsten benutzt wird: Microsoft Outlook.

Natürlich können Sie mit Outlook auch POP3 und IMAP4 Verbindungen einrichten, aber das volle Potential können Sie erst über eine HTTPS-Verbindung ausschöpfen.

Moderne Versionen von Outlook unterstützen eine Kommunikation, die sich „MAPI über HTTP“ nennt.

MAPI steht für „Message Application Programming Interface“.

MAPI existiert schon sehr lange, es wurde von Microsoft als Kommunikationsprotokoll zwischen Outlook und dem Exchange Server entwickelt.

Mit MAPI kann auf alle Informationen auf dem Exchange Server zugegriffen werden, also auf E-Mails, Kontakte, Termine und Aufgaben.

Wenn MAPI über HTTP eingesetzt wird, bedeutet dies, dass das alte Protokoll MAPI nun keine eigenen Ports mehr benutzt, sondern das Protokoll HTTP benutzen kann, das der Internetstandard ist.

Outlook ist somit der ideale E-Mail-Client, um auf alle Funktionen des Exchange Servers zuzugreifen.

## *Vorteile von MAPI über HTTP*

MAPI über HTTP bietet einige Vorteile. Hier sehen Sie die wichtigsten:

- Bereit für Authentifizierungsneuerungen in der Zukunft durch die Verwendung des Standards HTTP
- Schnelle Wiederaufnahme der Kommunikation, wenn eine Unterbrechung eingetreten ist, da nur die HTTP-Verbindung neu erstellt werden muss. Der Neuaufbau von RPC-Verbindungen dauert wesentlich länger

## Ältere Outlook- Clients

Auch ältere Outlook-Clients, die MAPI über HTTP nicht direkt unterstützen, können die Vorzüge der MAPI-Schnittstelle auf dem Exchange Server benutzen, denn sie können Outlook Anywhere benutzen. Outlook Anywhere benutzt RPC über HTTP für den Zugriff und kann ebenfalls die MAPI-Schnittstelle erreichen.

Damit haben Sie zwar nicht alle Vorzüge der neueren Variante, aber die Funktionalität ist ebenfalls gegeben.

In der folgenden Matrix können Sie erkennen, welche Outlook Clients bereits MAPI über HTTP beherrschen, und welche noch RPC über HTTP benutzen müssen.

| **Client** | **Exchange Server 2016** | **Exchange Server 2019** |
|---|---|---|
| Outlook 2010 SP2 mit Updates KB2956191 und KB2965295 | MAPI über HTTP Outlook Anywhere | MAPI über HTTP Outlook Anywhere |
| Outlook 2013 RTM und früher | Outlook Anywhere | Outlook Anywhere |

All diese Verbindungen werden verschlüsselt, und benutzen damit nicht mehr Port 80 sondern Port 443.

Seit Exchange Server 2016 ist das Protokoll MAPI über HTTP standardmäßig aktiviert.

## 1.4 Bereitstellungsoptionen

Natürlich gibt es für Exchange Server einige Möglichkeiten der Bereitstellung.

Dies ist ein Thema, über das Sie sich sehr früh in der Planungsphase Gedanken machen sollten, da ein großer Teil der Funktionalität von diesen Entscheidungen abhängig ist.

Eine erste Auswahl, die Sie treffen müssen, ist die Entscheidung, ob Sie Exchange On-Premise oder in der Cloud mithilfe von Office 365 einrichten wollen.

Die Unterschiede sind auf den ersten Blick klar, die eine Lösung baut auf die lokale im Unternehmen vorhandene Infrastruktur, die andere bietet den Service eines Mailservers in der Cloud.

Um eine fundierte Entscheidung treffen zu können, müssen die Vor- und Nachteile der jeweiligen Lösung genau betrachtet und deren Relevanz für das Unternehmen bewertet werden.

Lassen Sie uns durch einige zentrale Fragen gehen, die in den meisten Unternehmen von Bedeutung sind.

### *Das Backup der Daten*

Die Exchange Postfächer müssen gesichert werden, dafür wird ein Backupplan benötigt.

Für den On-Premise Betrieb müssen Sie das mit einplanen.

Bei Exchange Online ist der Server meistens bereits durch den Provider gesichert, allerdings werden die Postfächer nicht getrennt gesichert. Sollten Sie dies benötigen, müssen Sie mit deutlich höheren Kosten rechnen, da hierfür aufwändige Lösungen nötig sind.

### *Virenschutz*

In einer On-Premise Umgebung müssen Sie sich auch selber um den Virenschutz kümmern, bei Exchange Online ist dies bereits integriert.

## *Internetverbindung*

Bei Exchange Online werden die Daten auf den lokalen Rechnern gecacht, eine große Bandbreite ist also nicht nötig.

Trotzdem ist eine hohe Verfügbarkeit der Internetverbindung natürlich eine absolute Voraussetzung für Exchange Online.

## *Skalierbarkeit*

Ist ihre Organisation im Wachstum?

Wenn sie in absehbarer Zeit stark wachsen wird, wird auch der Bedarf an Mailkommunikation steigen.

Bei einer On-Premise Lösung müssen Sie das bereits mit einplanen.

## *Updates*

Bei einer On-Premise Lösung müssen Sie sich selber um die Updates kümmern, sowohl für das unterliegende Betriebssystem, sondern auch für den Exchange Server selber.

Bei einer Cloudlösung entfällt dieses Problem komplett, Sie müssen sich weder um das Betriebssystem noch um den Exchange Server kümmern.

Ein weiterer Vorteil von Exchange Online ist, dass neue Funktionen immer zuerst in Exchange Online zur Verfügung gestellt werden, und manche sogar nur dort!

Dieser Punkt geht bisher eindeutig an die Cloud-Variante.

Allerdings hat dieser Vorteil auch einen Nachteil.

Da die Updates ohne Ihren Eingriff installiert werden, müssen Sie sich sehr genau informieren, welche Funktionsänderungen vorgenommen werden.

Dies betrifft zum einen die Sicherheit, vielleicht wollen Sie nicht alle Funktionen für Ihr Unternehmen benutzen, zum anderen betrifft es natürlich auch die Funktionalität, da nur Sie wissen können, welche Funktionen mit Ihrer Unternehmensumgebung kompatibel sind.

## *Sicherheit*

Diese Frage müssen Sie sich generell stellen, wenn Sie eine Online-Lösung in Betracht ziehen.

Sind Ihre Daten sicher?

Das hängt zum großen Teil davon ab, wo Ihre Daten gespeichert werden.

Exchange Online speichert die Daten in der Microsoft Cloud, wobei es nicht ganz eindeutig ist, wo genau die Daten gespeichert werden, die Speicherung erfolgt aber laut Microsoft hauptsächlich in Rechenzentren in der EU.

Auch sind manche Aufbewahrungsrichtlinien eventuell schwierig zu erfüllen, wenn die Daten in der Cloud gespeichert werden.

Aufgrund dieser Tatsachen entscheiden sich viele Verantwortliche für eine On-Premise-Lösung.

Im weiteren Verlauf des Kurses gehe ich davon aus, dass auch Sie sich für eine On-Premise Lösung entschieden haben.

Für die weitere Bereitstellungsplanung müssen Sie wissen, dass eine Exchange Organisation immer auf eine Active Directory Gesamtstruktur begrenzt ist.

Sollten Sie mehrere Gesamtstrukturen haben, müssen Sie auch mehrere Exchange Organisationen einrichten.

Wenn Sie nur eine Gesamtstruktur haben, können Sie auch mit einer einzelnen Exchange Organisation arbeiten.

Das bringt uns nun zum nächsten Thema:

## *Wie viele Exchange Server benötige ich?*

Im Prinzip können Sie eine Exchange Organisation mit einem einzigen Exchange Server betreiben.

Das ist allerdings nicht empfehlenswert, denn Sie haben keine Fehlertoleranz.

In diesem Fall müssen Sie mit Ausfällen rechnen, wenn Sie Updates installieren, und der Server neu gestartet werden muss.

Auch eine fehlerhafte Datenbank kann einen Ausfall auslösen, bis hin zum Komplettausfall.

Exchange Server bietet für eine Ausfallsicherheit einige Möglichkeiten, die wir später noch betrachten werden.

# 1.5 Das Active Directory – Voraussetzung für den Exchange Server

Eine der wichtigsten Voraussetzungen für eine Installation von Exchange Server ist das Active Directory.

Lassen Sie uns kurz einen Blick auf die Grundlagen des Active Directory werfen:

Active Directory kann in Firmen mit verschiedener Größe eingesetzt werden, und bietet aus diesem Grund verschiedene Modelle, die sich an die Größe und Bedürfnisse des Unternehmens anpassen.

- Domänen
- Strukturen
- Gesamtstrukturen

Active Directory ist eine Datenbank, die den verschiedensten Anforderungen gerecht werden muss. Active Directory muss sowohl in kleinen Firmen effizient arbeiten, als auch eine Lösung für große Firmen anbieten, die eventuell Geschäftsstellen in mehreren Ländern haben, und mehrere tausend Benutzer verwalten müssen.

## 1.5.1 Domäne

Die Basiseinheit der Verwaltung ist die Domäne. Eine Domäne ist ein Zusammenschluss mehrerer Computer zu einer administrativen Einheit.

Nun müssen nur noch die relevanten Konten (Benutzerkonten und Computerkonten) im Active Directory, dem Verzeichnisdienst, angelegt werden, damit die Arbeit an einer Domäne begonnen werden kann.

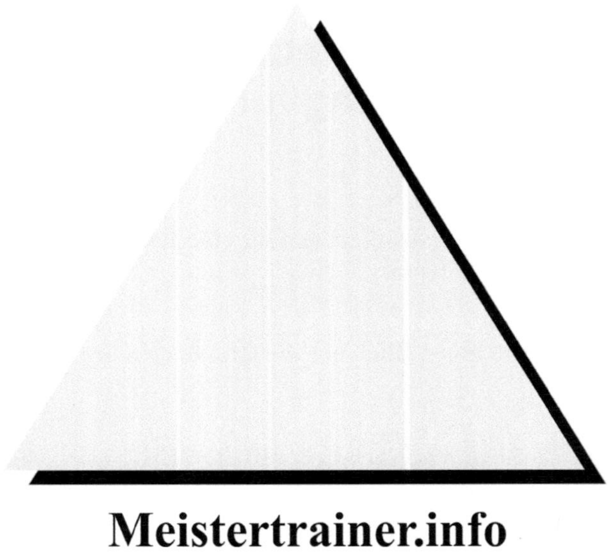


*Abbildung 1.7: Domäne*

## 1.5.2 Struktur

Nun ist es aber möglich, dass eine Domäne nicht ausreicht, dies kann der Fall sein, wenn eine Firma Filialen in mehreren Ländern hat, und sich dadurch Probleme ergeben, wie:

- Verschiedene Sprachen
- Verschiedene Anforderungen an die Sicherheit
- Teure WAN-Verbindungen

In diesen Fällen geht man oft dazu über, mehrere Domänen zu benutzen. Windows Server bietet hierzu ein Modell an, den Domänen-Tree. Der deutsche Ausdruck hierfür ist „Struktur".

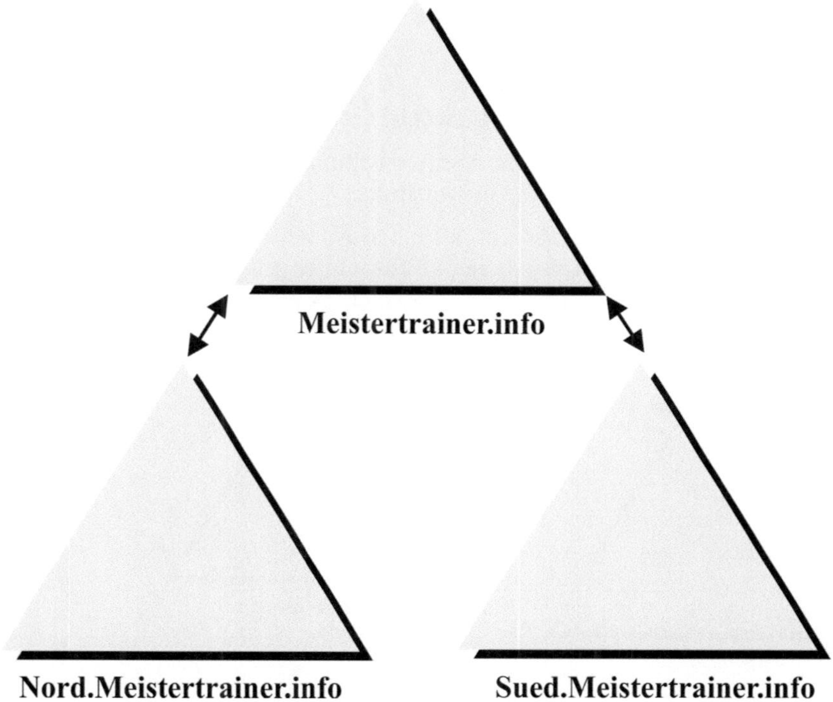


*Abbildung 1.8: Domänen-Tree oder Struktur*

In einem Tree werden untergeordnete Domänen angelegt, die den Namen der übergeordneten Domäne führen, und einen eigenen Namen vorangestellt haben. Auch dies ist das Namensprinzip des Internets, in dem untergeordnete Domänen stets ihren eigenen Namen vorangestellt haben.

Alle Domänen in einem Tree teilen sich einen gemeinsamen Namensraum. Ein Namensraum bedeutet, dass der Name der übergeordneten Domäne in allen untergeordneten Domänen mitgeführt wird. Der Name der untergeordneten Domäne wird dem Stammnamen vorausgestellt. Diese Art von Namensraum ist aus dem Internet bekannt, wo auch die untergeordneten Domänen dem Namen vorangestellt werden.

Die Domänen sind untereinander mit Vertrauensstellungen verbunden.

Vertrauensstellungen sind Verbindungen, die einen Zugriff auf die Ressourcen der anderen Domänen prinzipiell ermöglichen. Natürlich müssen die Ressourcenzugriffe noch mit Zugriffsrechten gesteuert werden, aber durch Vertrauensstellungen wird erst die Möglichkeit geschaffen, dass Benutzer auf Ressourcen anderer Domänen zugreifen können.

### 1.5.3 Gesamtstruktur (Forest)

Als größtes Modell der Domänenverwaltung existiert noch der Forest. Der deutsche Ausdruck ist „Gesamtstruktur“.

In einem Forest sind wir nicht auf einen Namensraum begrenzt, sondern es können mehrere Namensbereiche zusammengefasst werden. Dies kann nötig sein, wenn verschiedene Firmen fusioniert sind, aber ihren eigenständigen Namen behalten möchten.

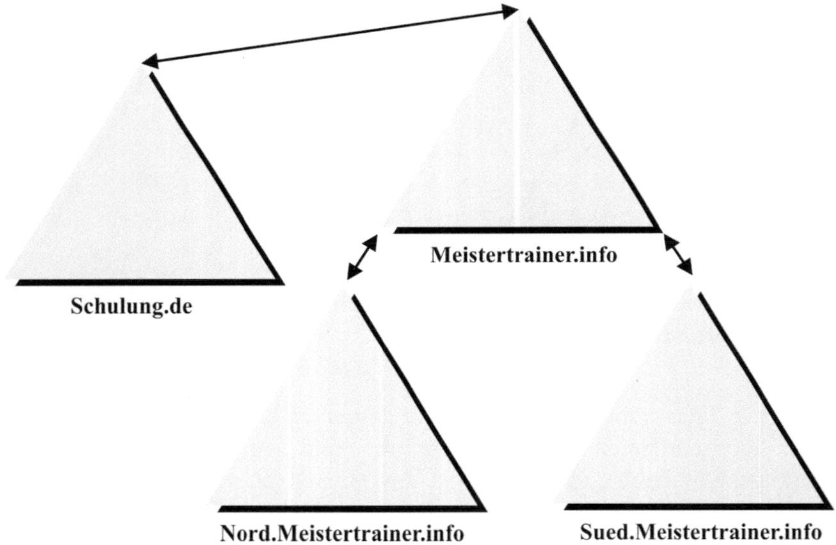


*Abbildung 1.9: Forest oder Gesamtstruktur*

In unserem Beispiel gibt es einen Tree mit Namen „Meistertrainer.info“. Wenn nun die Firma „Schulung“ integriert werden soll, wäre das innerhalb der Struktur nur möglich, indem eine untergeordnete Domäne erstellt wird. Diese würde aber in jedem Fall den Namensraum „Meistertrainer“ benutzen.

Möglicherweise ist dies aber nicht erwünscht. Die einzige Lösung ist es nun, einen neuen Namensraum zu erstellen, diesen aber in den vorhandenen Tree einzugliedern, und somit einen „Forest“ (eine Gesamtstruktur) zu erstellen.

**ACHTUNG!**
Die englischen Begriffe sind viel anschaulicher als die deutschen. Aus diesem Grund werden in den meisten Fällen auch die englischen Namen verwendet.

### 1.5.4 Gemeinsamkeiten innerhalb einer Gesamtstruktur

Egal, ob sich die Domänen in einer Struktur oder einer Gesamtstruktur befinden, sie haben in jedem Fall einige Gemeinsamkeiten.

#### Bidirektionale, transitive Vertrauensstellungen

Wie bereits erwähnt, sind die einzelnen Domänen innerhalb eines Trees oder eines Forests mit Vertrauensstellungen verbunden. Diese Vertrauensstellungen sind bidirektional und transitiv.

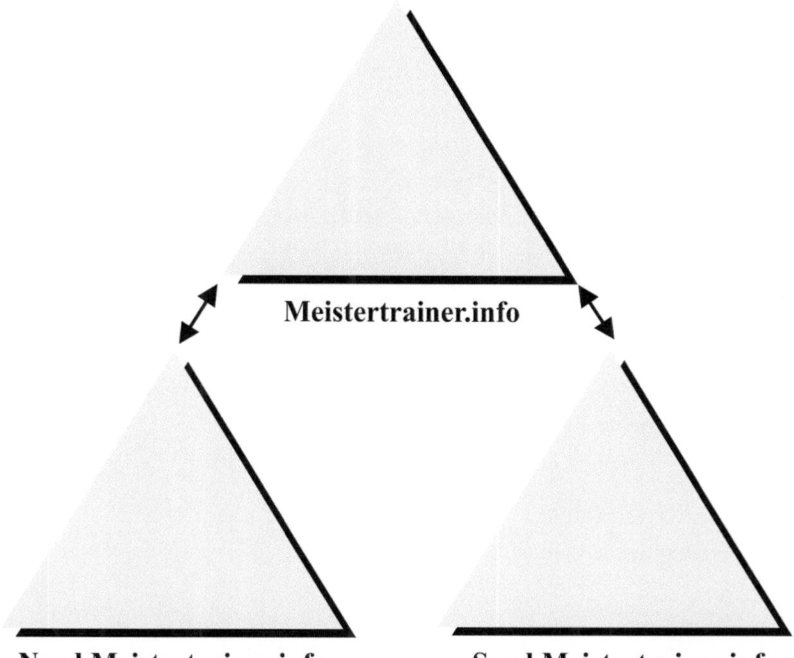


*Abbildung 1.10: Transitive Vertrauensstellungen*

**Bidirektional**

Bidirektional bedeutet, dass die Vertrauensstellung in beide Richtungen geht. Genau genommen setzt sich eine bidirektionale Vertrauensstellung aus zwei unidirektionalen Vertrauensstellungen (Vertrauensstellungen in nur eine Richtung) zusammen.

Bidirektionale Vertrauensstellungen sind die Standardvertrauensstellungen bei der Installation eines Trees oder Forests.

**Transitiv**

Vertrauensstellungen, die bei der Installation eines Trees oder Forests erstellt werden, sind transitiv.

Transitiv bedeutet „weiterleitend". In unserem Fall bedeutet die Transitivität, dass Benutzer der Domäne „Nord.Meistertrainer.info" auch auf Ressourcen der Domäne „Sued.Meistertrainer.info" zugreifen können, obwohl es keine direkte Vertrauensstellung zwischen diesen beiden Domänen gibt.

Die beiden existierenden Vertrauensstellungen sind ausreichend, da sie transitiv sind, und Anfragen weiterleiten können.

## Gemeinsames Schema

Jede Datenbank hat einen internen Aufbau, der festlegt, wie die Daten in dieser Datenbank gespeichert werden. Active Directory ist eine Datenbank, aus diesem Grund muss auch Active Directory eine Grundstruktur haben. Diese Grundstruktur wird „Schema" genannt.

Bei einfachen Datenbanken ist dieses Schema eine Tabelle. In komplexeren Datenbanken ist das Schema objektorientiert.

Active Directory verwaltet das Schema mit

- Klassen und
- Attributen

## *Klassen*

Eine Klasse ist ein Oberbegriff für eine Sammlung von Objekten. Klassen können zum Beispiel sein:

- Benutzer
- Drucker
- Computer

Man kann sich die Definition der Klassen als „Umriss“ der Eingabemaske vorstellen.

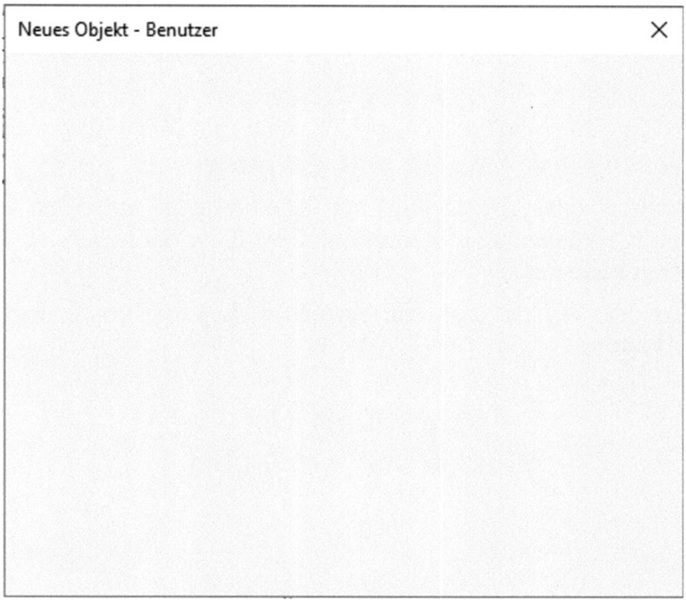


*Abbildung 1.11: Klassen*

## *Attribute*

Attribute sind Elemente, die benutzt werden, damit die Klassen Inhalte bekommen können. Attribute sind also die „Füllungen“ in den Klassen.

*Abbildung 1.12: Attribute*

## *Verwaltung von Klassen und Attributen*

Die Struktur einer Datenbank mit Klassen und Attributen ist sehr effizient. Sie können neue Klassen und Attribute definieren und können diese dann zuweisen.

Dies hat den Vorteil, dass Attribute zu mehreren Klassen zugewiesen werden können.

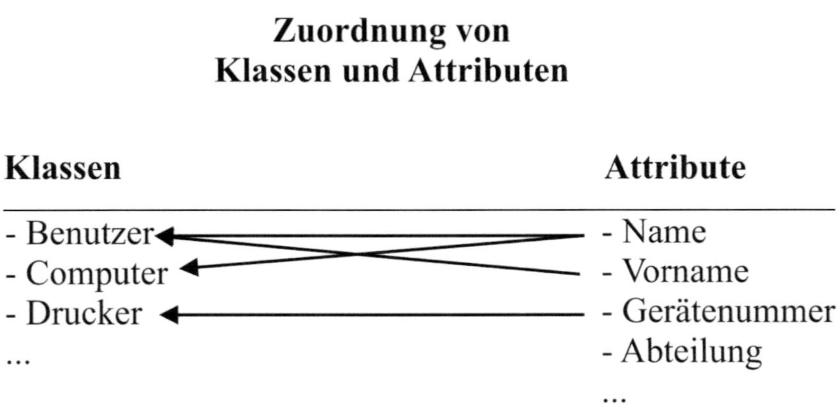


*Abbildung 1.13: Klassen und Attribute*

Die Änderungen am Schema können nur Mitglieder der Gruppe „Schema-Administratoren“ vornehmen.

Hier setzt der Exchange Server an, denn er erweitert das Schema um eigene Attribute.

Bei der Installation von Exchange Server wird das Schema verändert, und jeder Active Directory Benutzer erhält zusätzliche Attribute, wie Postfach und Ähnliches.

# 1.6 Partitionen im Active Directory

Da wir nun wissen, dass der Exchange Server das Active Directory Schema verändert, sollten wir noch betrachten, wie Informationen innerhalb des Active Directory repliziert werden.

In einer Windows Server Domäne sind alle Domänencontroller gleichberechtigt. Das bedeutet, dass Änderungen in der Datenbank auf allen Domänencontrollern durchgeführt werden können, und danach auf alle anderen Domänencontroller repliziert werden.

## 1.6.1 Verzeichnispartitionen

Die Datenbank Active Directory setzt sich aus mehreren Teilen zusammen. Es gibt einige Informationen, die ausschließlich innerhalb der eigenen Domäne repliziert werden, und andere Informationen, die in der Gesamtstruktur repliziert werden.

Aus diesem Grund ist die Datenbank Active Directory in verschiedene Verzeichnispartitionen unterteilt, die unabhängig voneinander repliziert werden.

## 1.6.2 Schemapartition

In der Schemapartition werden alle Informationen gespeichert, die das Schema der Datenbank beinhalten. Diese Informationen werden an alle Domänencontroller in der Gesamtstruktur repliziert.

**ACHTUNG!**

Alle Informationen, die die Schemapartition betreffen, finden Sie im Snap-In „Active Directory Schema“, das Sie mit dem Befehl „Regsvr32.exe schmmgmt.dll“ registrieren müssen.

Bei der Installation von Exchange Server werden eine Menge an Klassen und Attributen zum Schema hinzugefügt.

Dieser Teil der Installation muss mit den Rechten eines „Schema-Admins“ vorgenommen werden.

Nur ein Mitglied der Gruppe „Schema-Admins“ hat das Recht, das Schema zu ändern.

Normalerweise ist der Domänenadministrator auch Mitglied in der Gruppe der Schemaadministratoren.

Diese Informationen werden an alle Domänencontroller in der Gesamtstruktur repliziert, da in allen Domänen das Schema identisch sein muss.

### 1.6.3 Konfigurationspartition

In der Konfigurationspartition werden alle Informationen verwaltet, die mit dem Aufbau der Gesamtstruktur zusammenhängen. Hier finden Sie Informationen, wie

- Domänen
- Vertrauensstellungen

Diese Informationen werden in der Gesamtstruktur repliziert.

**Ein Beispiel:**

Sie erstellen eine neue Domäne in Ihrer Gesamtstruktur. Diese Information muss natürlich an alle Domänen in der Gesamtstruktur repliziert werden, damit die neue Domäne überall bekannt ist.

**ACHTUNG!**
Die Daten, die in der Konfigurationspartition repliziert werden, finden Sie im Snap-In „Active Directory-Domänen und –Vertrauensstellungen".

Auch in der Konfigurationspartition werden bei der Installation von Exchange Server Einträge erstellt.

Hierbei handelt es sich um globale Exchange Einstellungen, Einstellungen für die Transportprotokolle und Richtlinien für die Postfächer.

### 1.6.4 Domänenpartition

Die Domänenpartition enthält die Daten, die nur in der eigenen Domäne verfügbar sind.

Dies sind Daten wie

- Benutzerkonten
- Computerkonten
- Veröffentlichte Ressourcen

**Ein Beispiel:**

Sie erstellen ein neues Benutzerkonto für den Benutzer „Hans Dampf". Wenn nun die Replikation stattfindet, wird dieses Benutzerkonto an alle Domänencontroller in der eigenen Domäne repliziert, nicht aber an die Domänencontroller einer anderen Domäne in der gleichen Gesamtstruktur.

**ACHTUNG!**
Die Informationen, die in der Domänenpartition repliziert werden, finden Sie im Snap-In „Active Directory-Benutzer und -Computer".

Da der Exchange Server eine gesamtstrukturübergreifende Installation ist, ändert er an der Domänenpartition nichts.

Die Zusammenhänge der einzelnen Partitionen lassen sich in folgender Grafik darstellen:

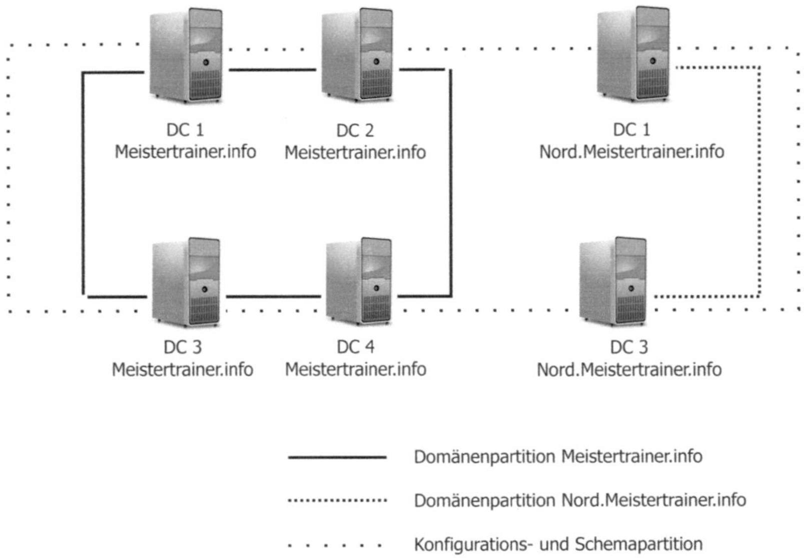


*Abbildung 1.14: Partitionen*

# 1.7 Der Globale Katalog

Eine Besonderheit ist der „Globale Katalog“.

Beim Anmeldevorgang ist der „Globale Katalog“ von großer Bedeutung.

Windows Server bietet die Mitgliedschaft in universalen Gruppen. Diese Gruppen können auch in anderen Domänen sein.

## 1.7.1 Anmeldevorgang

Wenn sich nun ein Benutzer anmeldet, findet der Anmeldevorgang folgendermaßen statt:

- Client nimmt Kontakt zu Domänencontroller auf
- Domänencontroller überprüft Informationen über den Benutzer
- Domänencontroller fragt den globalen Katalog, ob Benutzer Mitglied in universalen Gruppen anderer Domänen ist
- Domänencontroller erstellt Zugriffstoken und übermittelt dies an den Benutzer

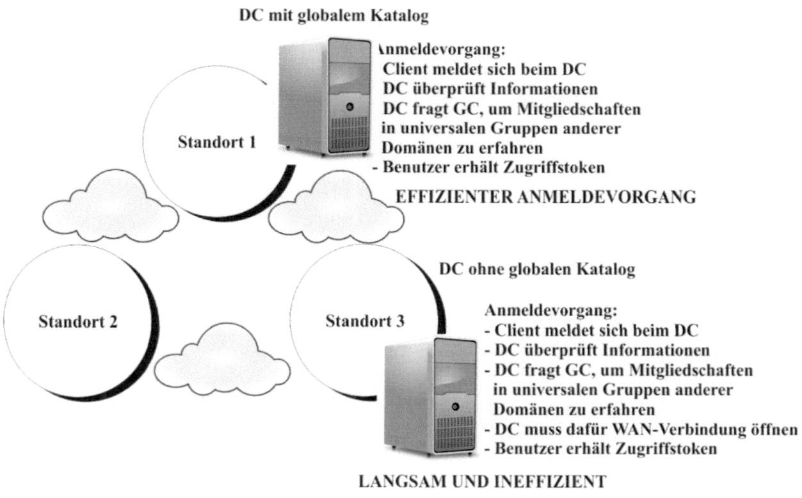


*Abbildung 1.15: Anmeldevorgang*

Wenn Sie nun aber den Fehler machen, einen Standort einzurichten, und keinen „Globalen Katalogserver“ am Standort zu definieren, muss bei jedem Anmeldevorgang eine WAN-Verbindung geöffnet werden, und dies ist oftmals sehr langsam.

Aus diesem Grund sollten Sie in jedem Standort mindestens einen „Globalen Katalogserver“ erstellen.

Dies können Sie in der Konsole „Active Directory-Standorte und -Dienste“ vornehmen.

Wechseln Sie zu dem Standort und dem Server, auf dem Sie den GC konfigurieren möchten. Wechseln Sie hier zu den „NTDS-Settings“, und öffnen Sie die „Eigenschaften“.

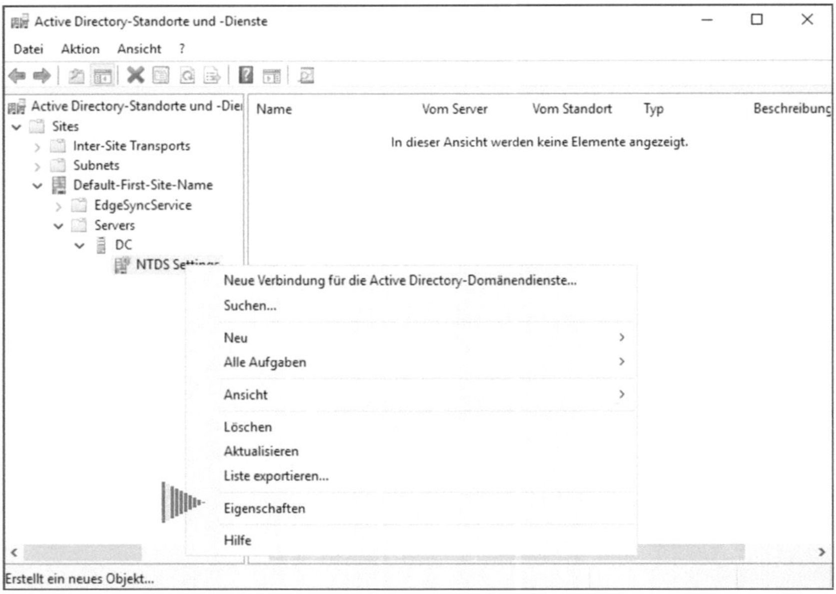


*Abbildung 1.16: GC erstellen*

Hier setzen Sie einfach den Haken bei „Globaler Katalog“.

*Abbildung 1.17: Globaler Katalog*

Nun ist dieser Domänencontroller ein „Globaler Katalogserver" und bekommt den „Globalen Katalog" repliziert.

Warum ist der Globale Katalogserver so wichtig?

Nun, Exchange Server nutzt ihn bei der Auflösung von Empfängernamen und Verteilerlisten, um auch Zugriffe auf andere Domänen der Gesamtstruktur in angemessener Zeit zu bewerkstelligen.

Sollten Sie eine größere Umgebung mit mehreren Domänen benutzen, oder auch nur eine Umgebung mit mehreren Standorten, ist es wichtig, ausreichend Globale Katalogserver zu definieren.

## 1.8 Der DNS Server und Active Directory

Ein DNS Server ist sowohl für das Active Directory als auch für die Funktion des Exchange Servers eine Grundvoraussetzung.

Betrachten wir zunächst einmal das Active Directory. Um die Bedeutung des DNS-Servers für die Kommunikation innerhalb einer Domäne zu belegen, lassen Sie uns ein Gedankenexperiment machen.

**Welche Informationen über das Netzwerk stehen dem Client beim Systemstart bereits zur Verfügung?**

Das ist einfach, der Client hat beim Systemstart bereits alle Informationen, die in seiner IP-Konfiguration eingetragen sind. Dies sind

- IP-Adresse
- Subnetzmaske
- Eventuell Standardgateway
- Server für die Namensauflösung

Dadurch erhalten wir folgende Möglichkeit für den Anmeldevorgang:

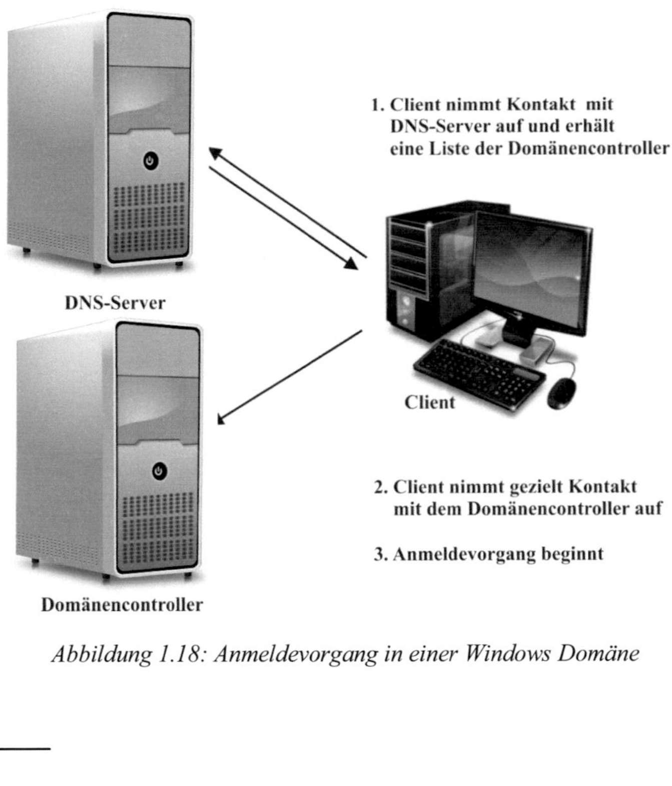


*Abbildung 1.18: Anmeldevorgang in einer Windows Domäne*

**Hinzufügen der Einträge in den DNS-Server**

Dies ist eine weitere Funktion eines Domänencontrollers unter Windows.

Bei der Installation eines Domänencontrollers wird bereits der DNS-Server zwingend vorausgesetzt.

Dies hat den Grund, dass der Domänencontroller bereits bei der Installation bestimmte Einträge in den DNS-Server setzt.

Er erstellt so genannte „SRV-Einträge". Dies sind Dienstidentifizierungen, mit denen bestimmte Dienste im DNS-Server eingetragen werden können.

> **ACHTUNG!**
> Solche Diensteinträge gibt es schon lange, dies ist keine Erfindung für das Active Directory! Auch in anderen Umfeldern wird mit SRV-Einträgen gearbeitet.

Nun stellt sich die Frage, welche Dienste für die Identifikation eines Domänencontrollers relevant sind. Hier gibt es eigentlich nur zwei verschiedene Dienste zu nennen:

- Kerberos – Dienst für die Anmeldung
- LDAP – Dienst für die Abfrage des Verzeichnisdienstes

Wenn also ein Client einen Domänencontroller für die Anmeldung sucht, muss er eigentlich nur abfragen, auf welchem Computer der Dienst „Kerberos" läuft.

Genauso ist es, wenn ein bereits angemeldeter Client eine weitere Abfrage des Verzeichnisdienstes vornehmen möchte. In diesem Fall muss er ebenfalls einen Domänencontroller finden, sucht aber diesmal nach einem anderen Dienst, nämlich LDAP.

Wenn Sie einen DNS-Server betrachten, der ein Active Directory verwaltet, werden Sie einige Einträge finden, die in einem „normalen" DNS-Server nicht vorhanden sind:

_msdcs

_sites

_tcp

_udp

Dies sind die Einträge, die Active Directory bei der Installation hinzugefügt hat.

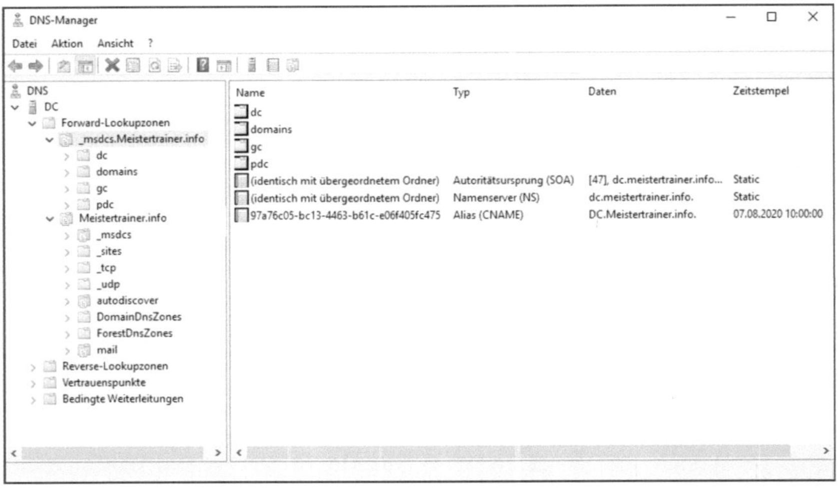


*Abbildung 1.19: DNS-Server mit SRV-Einträgen*

Der wichtigste neue Eintrag ist „_msdcs“.

Wenn Sie diesen Eintrag genauer betrachten, fällt Ihnen sicher auf, dass er in der Forward-Lookupzone delegiert ist.

Öffnen Sie _msdcs.

Hier sind alle relevanten Einträge vorhanden, nach denen ein Client suchen könnte.

- dc (Domänencontroller)
- domains (Domänen, die in der Gesamtstruktur vorhanden sind)
- gc (Globale Katalogserver)
- pdc (PDC-Emulator)

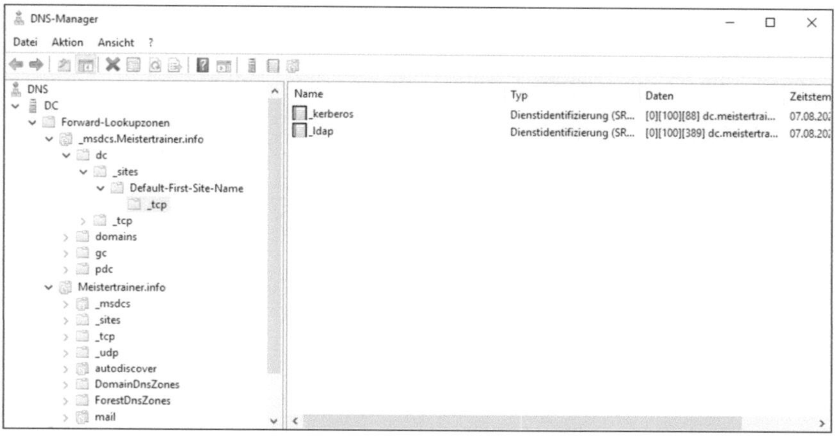


*Abbildung 1.20: DNS-Server*

Betrachten Sie die Einträge bei „dc“. Wenn Sie diesen Unterpunkt völlig öffnen, erkennen Sie die Einträge der Dienste.

_kerberos

_ldap

Die Computer, die diese Dienste verwalten, sind hier angegeben.

## 1.9 Der DNS Server für den Exchange Server

Natürlich hat der DNS-Server auch für den Exchange Server eine große Bedeutung.

Hier müssen wir unterscheiden zwischen dem internen DNS-Server in der Domäne und dem externen DNS-Server, der im Internet zur Verfügung steht.

In vielen Unternehmen ist es üblich, dass die Webseite von einem Provider gehostet wird.

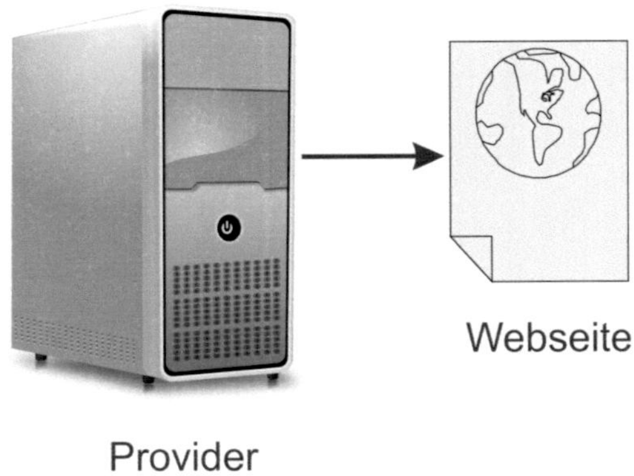


*Abbildung 1.21: Webseite beim Provider*

Dafür wurde die Domäne mit dem Firmennamen registriert.

In diesem Fall hostet der Provider alle Daten und verwaltet auch die Einträge für den externen DNS-Server.

In unserem Beispiel möchte ich auf diese Konstellation aufsetzen.

Es existiert also eine interne Domäne, mit dem Namen Meistertrainer.info, und eine Domäne mit dem gleichen Namen, die bei einem Provider gehostet wird und eine Webseite zur Verfügung stellt.

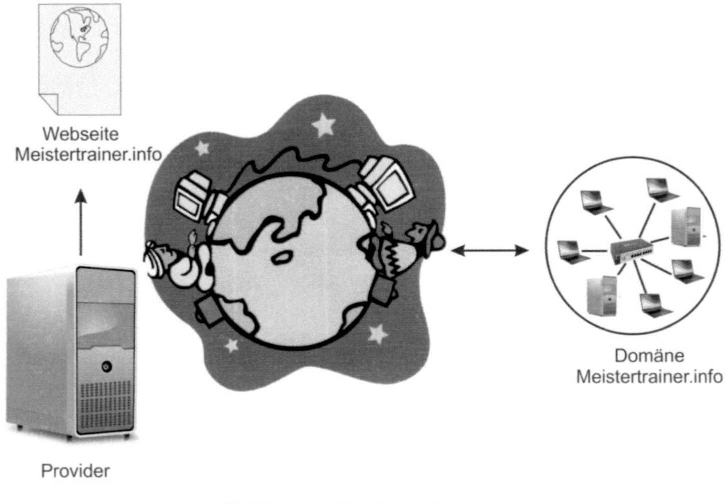


*Abbildung 1.22: Zwei Domänen*

Um die Einrichtung beider DNS-Server vorzunehmen, also sowohl intern als auch extern, müssen wir bereits an dieser Stelle festlegen, wie unsere Exchange-Organisation später heißen soll.

Ich habe mich in diesem Beispiel dafür entschieden, dass sie unter dem Suffix

*Meistertrainer.info*

erreicht werden soll.

Wichtig für das Verständnis ist noch, dass der Exchange Server zwei verschiedene Namen benutzt, unter dem die verschiedenen Clients ihn finden können.

Diese Namen sind

- *Autodiscover.NameDerDomäne.xyz*
- *Mail.NameDerDomäne.xyz*

Beim Eintrag Autodiscover sollten Sie nicht versuchen, den Namen zu ändern, das ist mit großen Schwierigkeiten verbunden, den zweiten Namen können Sie aber in Bezug auf das Präfix anpassen, Sie können also auch

*Outlook.NameDerDomäne.xyz*

oder einen anderen Namen wählen, den Sie gerne möchten.

Wie schon erwähnt, benötigen die Clients diese Anlaufstellen, um den Exchange Server zu finden und um Kontakt mit ihm aufnehmen zu können.

Autodiscover ist ein Dienst, der auf jedem Exchange Server 2016 oder 2019 automatisch läuft und den Outlook Benutzern ermöglicht, die Outlook Profile auf dem Exchange Server einzurichten. Dafür ist ein

Benutzereingriff nicht nötig.

Autodiscover ist auch nach der Ersteinrichtung der Profile aktiv und sorgt für eine stetige, dynamische Verbindung zwischen Client und Exchange Server.

Im Prinzip erstellt der Exchange Server eine Konfigurationsdatei mit dem Namen autodiscover.xml, die der Client ausliest und damit alle für die Kommunikation benötigten Informationen erhält.

Auf diese Datei wird über HTTPS zugegriffen.

Alle Outlook-Clients können den Dienst Autodiscover erkennen, bei den aktuellen Outlook Clients ist dies auch die einzige Möglichkeit, die Konfigurationseinstellungen zu erhalten.

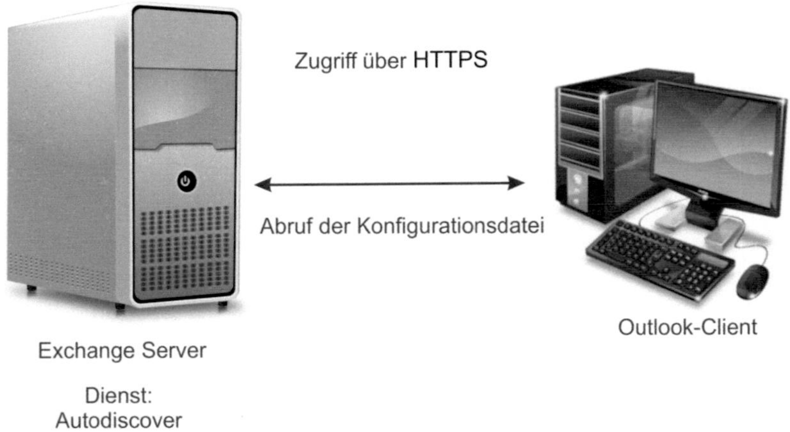


*Abbildung 1.23: Autodiscover über HTTPS*

Der Client ruft nun vom Exchange Server die xml-Datei mit den Konfigurationseinstellungen ab.

Diese Konfigurationseinstellungen enthalten alle Informationen, die der Client zum Zugriff auf den Exchange Server benötigt.

Unter anderem ist in dieser xml-Datei auch vermerkt, auf welche URL die Clients zugreifen sollen, um die Mails abzurufen.

Damit kommen wir zur zweiten URL, deren Namen wir frei wählen können, nämlich der eigentlichen Zugriffs-URL auf die Postfächer.

Ich habe mich in unserem Beispiel für den Namen

*Mail.Meistertrainer.info*

entschieden.

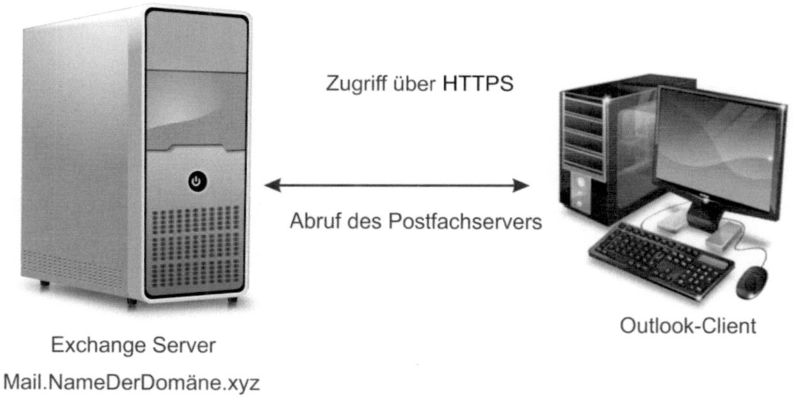


*Abbildung 1.24: Abruf des Postfachservers*

Der Client greift auf diese URL zu und kann dadurch die Mails und alle anderen Informationen abrufen, die für ihn auf dem Exchange Server zur Verfügung stehen.

Nun haben wir die Grundlagen geklärt, wie die Clients auf den Exchange Server zugreifen können, um Mails zu senden und zu empfangen.

Eine letzte Frage stellt sich noch:

Wie wird der Exchange Server im Internet von den anderen Servern gefunden um die Mails an ihn zuzustellen?

Nun, diese Antwort ist einfach: Er muss bekannt gegeben werden, mithilfe eines MX-Eintrags (Mail Exchange) auf den öffentlichen DNS-Servern.

# 1.10 Zertifikate für HTTPS

Wie bereits erwähnt, wird der Datenverkehr vom Client zum Exchange Server mit HTTPS verschlüsselt.

Ich möchte kurz mit Ihnen besprechen, was eigentlich genau Zertifikate sind.

Im Prinzip sind Zertifikate Belege für eine Identität.

In der EDV funktioniert das meistens folgendermaßen:

Ein Client möchte mit einem Server sprechen, aber sichergehen, dass dies auch derjenige Server ist, den er erreichen möchte.

1. Der Client fordert ein Zertifikat vom Server an, mit dem er seine Identität belegen soll.
2. Der Server liefert dieses Zertifikat.

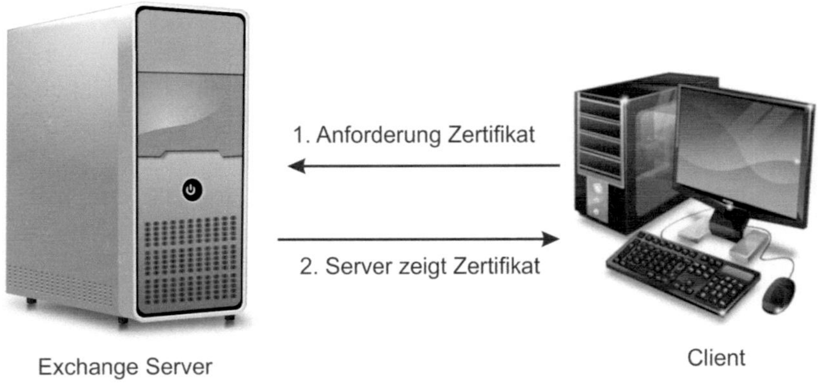


*Abbildung 1.25: Zertifikat*

Nun stellt sich die Frage: Ist das Zertifikat glaubwürdig? Darf der Client den Informationen über die Identität des Servers vertrauen?

Glaubwürdig ist ein Zertifikat immer dann, wenn es von einer glaubwürdigen Stelle ausgestellt worden ist.

Dies kann man mit einem Personalausweis vergleichen, auch er muss von einer glaubwürdigen Stelle ausgestellt werden, sonst ist er kein Beleg für die Identität.

Wir wissen aus Erfahrung, was eine glaubwürdige Stelle ist, und akzeptieren auch nur Ausweise, die von einer offiziellen Behörde ausgestellt worden sind.

In der Computerwelt ist es ähnlich, ein Zertifikat ist nur dann vertrauenswürdig, wenn es von einer bekannten, vertrauenswürdigen Stelle ausgestellt worden ist.

Hierfür gibt es einige öffentliche Zertifizierungsstellen, die als vertrauenswürdig eingestuft sind.

Sie finden diese Einstufung in jedem Zertifikatsspeicher.

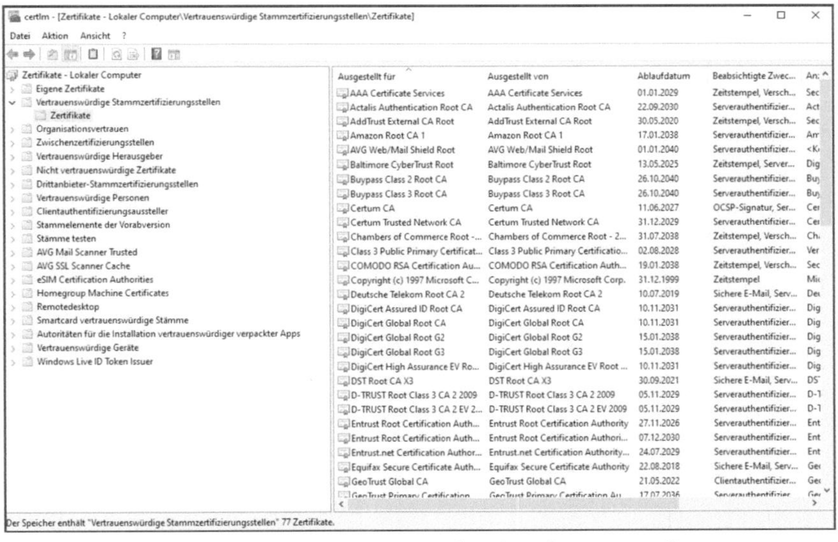

*Abbildung 1.26: Vertrauenswürdige Zertifizierungsstellen*

Wenn ein Client über einen sicheren Kanal Kontakt mit einem Server aufnehmen will, überprüft er also das Zertifikat, ob es von einer vertrauenswürdigen Zertifizierungsstelle kommt.

Eine vertrauenswürdige Zertifizierungsstelle ist innerhalb einer Domäne natürlich auch eine eigene, domäneninterne Zertifizierungsstelle.

Dies ist aber für eine Kommunikation eines Clients mit einem Exchange

Server keine gute Option, denn wenn Clients von außerhalb der Domäne zugreifen wollen, beispielsweise mit einem Smartphone, das nicht Mitglied der Domäne ist, wird das Zertifikat nicht als vertrauenswürdig angesehen.

Also sollten Sie immer ein Zertifikat einer öffentlichen Zertifizierungsstelle benutzen.

Leider werden nicht alle Zertifizierungsstellen von allen Geräteherstellern als vertrauenswürdig angesehen, deswegen sollten Sie beim Kauf eines Zertifikats darauf achten, dass alle benutzten Geräte diese Zertifizierungsstelle akzeptieren.

So, das wäre der erste Punkt, den wir über Zertifikate wissen müssen.

Der zweite Punkt ist, dass auch der Name, der auf dem Zertifikat bestätigt wird, der richtige Name sein muss.

Betrachten wir beispielsweise unsere Umgebung.

Wir wollen den Exchange Server auf einem Server mit Namen Server3 installieren.

Die Exchange Organisation soll „meistertrainer.info" heißen, und die Clients sollen auf den Exchange Server über die URL

- *Autodiscover.meistertrainer.info*
- *Mail.meistertrainer.info*

zugreifen.

Was muss nun als Name auf dem Zertifikat stehen, damit der zugreifende Client es akzeptiert?

Richtig, es werden zwei Zertifikate benötigt, die auf die Namen

- *Autodiscover.meistertrainer.info*
- *Mail.meistertrainer.info*

ausgestellt sind, denn das ist der einzig bekannte Name für die Clients.

In diesem Fall ist der Name des Servers, also Server3.Meistertrainer.info völlig irrelevant.

So, nun kennen Sie die Hintergründe der Zertifikate für den Exchange Server.

Wichtig ist für das Verständnis des weiteren Vorgehens noch, dass der Exchange Server bei der Installation bereits ein selbstsigniertes Zertifikat ausstellt, das sowohl vom Server als auch auf den Namen des Servers ausgestellt ist.

Die Zertifizierungsstelle ist also in unserem Fall Server3.

Diese dürften Sie nicht in der Liste der vertrauenswürdigen Zertifizierungsstellen finden.

Der zweite Fehler ist, dass das Zertifikat auf den Namen „Server3“ lautet, was nicht mit dem Namen übereinstimmt, den die Clients für den Zugriff benutzen sollen.

Sie sehen, wir werden nach der Installation des Exchange Servers erst einmal die Zertifikate richtig einrichten müssen, um eine Kommunikation ohne Fehlermeldungen zu erreichen.

# 2 Vorbereiten der Installation

Nachdem wir alle Grundlagen geklärt haben, können wir mit der Vorbereitung der Installation beginnen.

## 2.1 Soft- und Hardwareanforderungen

Lassen Sie uns zunächst die Hardwarevoraussetzungen für Exchange Server betrachten.

Der Hardwarebedarf für die Installation eines Exchange Servers ist groß.

Sie benötigen einen schnellen 64-bit Prozessor von Intel oder AMD. Der Intel Itanium IA64 Prozessor wird nicht unterstützt.

Für den Arbeitsspeicher gilt ein absolutes Minimum von 8 GB für einen Postfachserver und 4 GB für einen Edge-Transport Server.

Allerdings liegt die offizielle Empfehlung von Microsoft bei

128 GB für einen Postfachserver und

64 GB für einen Edge-Transport Server.

Auch die Auslagerungsdatei sollte groß sein, etwa 25% des vorhandenen Arbeitsspeichers.

Für die Festplattengröße gilt, dass sie auf jeden Fall mit mehreren Festplatten arbeiten sollten, und diese selbstverständlich fehlertolerant sein sollten.

Als Mindestgröße gelten folgende Werte:

- 30 GB freier Speicherplatz auf dem Laufwerk, auf dem Sie Exchange installieren
- 200 MB freier Speicherplatz auf dem Systemlaufwerk
- 500 MB freier Speicherplatz auf der Festplatte, auf der sich die Nachrichtenwarteschlangen-Datenbank befindet

Nun kommen wir zum benötigten Betriebssystem.

Exchange Server 2016 kann auf folgenden Server-Betriebssystemen installiert werden:

- Windows Server 2016 Standard oder Datacenter
- Windows Server 2012 R2 Standard oder Datacenter
- Windows Server 2012 Standard oder Datacenter

Exchange Server 2019 dagegen erfordert zwingend Server 2019 als unterliegendes Betriebssystem.

Neu beim Exchange Server 2019 ist, dass eine Installation auf einem Core-Server unterstützt, ja sogar empfohlen wird.

Ein weiterer Punkt ist, dass Exchange Server das .Net Framework voraussetzt.

Exchange Server 2016 funktioniert mit der jeweiligen .Net Framework Version des zugrundeliegenden Betriebssystems.

Exchange Server 2019 dagegen benötigt, je nach Versionsstand, .Net Framework 4.7.2 oder 4.8.

| **Exchange Server 2019 Version** | **.NET Framework 4.8** | **.NET Framework 4.7.2** |
|---|---|---|
| CU4, CU5, CU6 | X | |
| CU2, CU3 | X | X |
| RTM, CU1 | | X |

Es gibt noch zwei weitere Pakete, die auf dem zukünftigen Exchange Server installiert werden müssen.

Das ist zum einen:

## *Unified Communications Managed API 4.0.*

Diese Kommunikations-Schnittstelle können Sie bei Microsoft herunterladen.

Allerdings gibt es bei der Download-Version Probleme, wenn Sie versuchen, sie auf einem Core-Server zu installieren.

Besser ist es, wenn Sie die Version benutzen, die mit dem Exchange-Server Installationsmedium geliefert wird. Diese finden Sie dort im Verzeichnis

UCMARedist.

### *Visual C++ Redistributable*

Als weitere Komponente müssen Sie das Visual C++ Redistributable Paket installieren.

## 2.2 Vorbereitung des Active Directory

Weiter geht es mit dem Thema Active Directory.

Sie haben bereits erfahren, dass der Exchange Server das Active Directory benötigt, und auch einige Änderungen an ihm vornimmt.

Deswegen werfen wir ein besonderes Augenmerk auf die Vorbereitung des Active Directory für die Installation.

Generell wird eine Gesamtstrukturfunktionsebene von Windows Server 2012 R2 vorausgesetzt, um Exchange Server installieren zu können.

### 2.2.1 Funktionsebenen

Werfen wir einen kurzen Blick auf die Hintergründe der Funktionsebenen.

Domänen können mehrere Arten von Domänencontrollern beinhalten. Es ist möglich, eine Domäne mit Domänencontrollern mehrerer Versionen zu betreiben, also beispielsweise Windows Server 2012 R2, Windows Server 2016 und Windows Server 2019.

Natürlich kann die gesamte Domäne immer nur die Funktionalität haben, die der Domänencontroller mit der niedrigsten Funktionalität bietet. Wenn Sie also noch Domänencontroller mit Windows 2012 R2 Server betreiben, können die moderneren Domänencontroller mit Windows Server 2019 nicht ihre volle Funktionalität benutzen.

## Domänenmodus

Aus diesem Grund gibt es Domänenfunktionsebenen. In diesen ist festgelegt, mit welchen Domänencontrollern die Domäne funktionieren wird, und welche Funktionalität alle Domänencontroller in der Domäne haben.

Der Domänenfunktionsmodus wird in der Konsole „Active Directory-Benutzer und -Computer“ verwaltet.

Diese Konsole können Sie auf einem Domänencontroller mithilfe des Servermanagers öffnen.

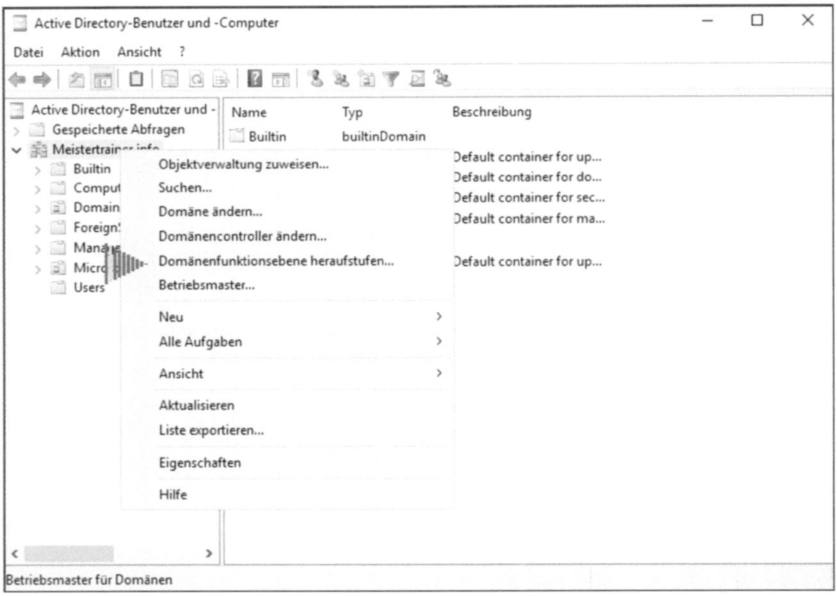


*Abbildung 2.1: Domänenfunktionsmodus*

## Gesamtstrukturfunktionsmodus

Manche neue Funktionen, die Windows Server 2019 anbietet, setzen voraus, dass sich die Gesamtstruktur aus Windows Server 2019 Domänencontrollern zusammensetzt. Um diese Funktionen richtig auszunutzen, müssen natürlich alle Domänen im Windows Server 2019 Domänenfunktionsmodus sein.

Die Gesamtstrukturfunktionsebene ändern Sie in der Konsole „Active

Directory-Domänen und -Vertrauensstellungen“. Diese Konsole ist die richtige, weil sie Informationen über alle Domänen in der Gesamtstruktur enthält.

Sie klicken auf die Konsole „Active Directory-Domänen und -Vertrauensstellungen“ und wählen „Gesamtstrukturfunktionsebene heraufstufen“.

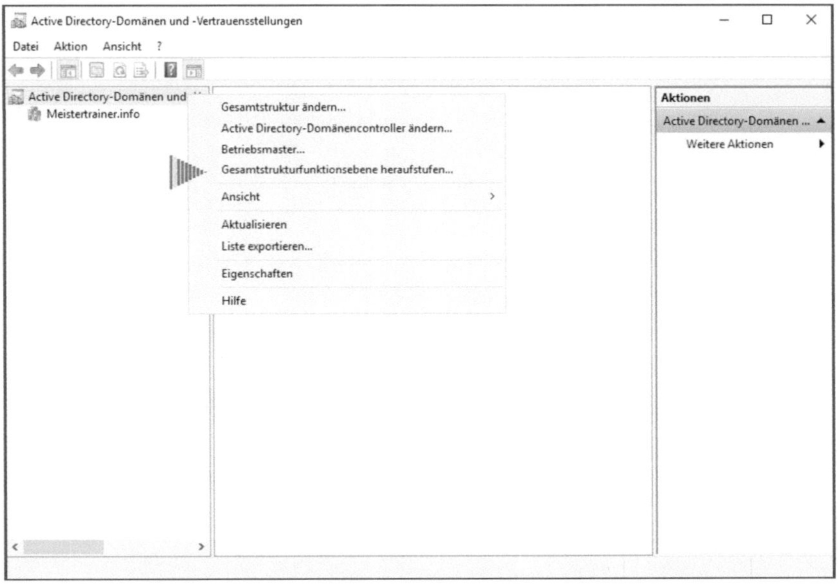


*Abbildung 2.2: Gesamtstrukturfunktionsebene heraufstufen*

In unserem Fall muss hier mindestens „Windows Server 2012 R2“ stehen. Höhere Gesamtstrukturfunktionsebenen sind natürlich auch möglich.

Sie können die Funktionsebene auch mithilfe eines PowerShell Cmdlets anzeigen:

```
Get-ADForest | Format-List ForestMode
```

### 2.2.2 Berechtigungen

Ein weiterer wichtiger Punkt ist, dass Sie wissen müssen, welche Berechtigungen im Active Directory für die Installation des Exchange Servers benötigt werden.

Sie benötigen ein Konto, das folgenden Gruppen angehört:

- Schema-Admins (zum Ändern des Schemas)
- Organisations-Admins (Für Änderungen an der gesamtstrukturweiten Konfiguration)
- Domänen-Admins (Für das Anlegen von Objekten in der Domäne)

Das Domänenkonto mit dem Namen „Administrator“ ist normalerweise Mitglied dieser Gruppen, und Sie können den Exchange Server installieren.

Wenn in Ihrem Unternehmen die Gruppenzugehörigkeiten anders geregelt sind, müssen Sie entweder das Konto der Person, die den Exchange Server installieren soll, zeitweise in diese Gruppen einfügen, oder die Änderungen am Active Directory vorher manuell vornehmen.

In diesem Fall muss eine Person, die Mitglied in den Gruppen

- Organisations-Admins und
- Schema-Admins

ist, in der Domäne, in der sich der Schema-Master befindet, die Exchange Server Installations-DVD benutzen und folgenden Befehl ausführen:

```
Setup.exe
/IAcceptExchangeServerLicenceTerms
/PrepareSchema
```

Damit wird das Schema angepasst.

Nach dem Ausführen dieses Befehls muss die Replikation abgewartet werden.

Danach werden die einzelnen Domänen und die Gesamtstruktur konfiguriert, beginnend mit der Stammdomäne.

Auch hier benutzen Sie die Exchange Server Installations-DVD und führen folgenden Befehl aus:

```
Setup.exe
/IAcceptExchangeServerLicenceTerms
/PrepareAD
/OrganizationName:<NameDerOrganisation>
```

Hier legen Sie auch den Namen der Exchange Organisation fest, der nicht mehr geändert werden kann.

Alle anderen Domänen werden mit folgendem Befehl konfiguriert

```
Setup.exe
/IAcceptExchangeServerLicenceTerms
/PrepareAllDomains
```

Diese Schritte werden während der Installation mit genügend Rechten automatisch ausgeführt.

## 2.3 Vorbereitung des DNS-Servers: Split DNS

Wir haben ja bereits besprochen, dass es in vielen Unternehmen üblich ist, dass die Webseite von einem Provider gehostet wird und wir dadurch zwei verschiedene Stellen haben, an denen DNS-Einträge für dieselbe Domäne verwaltet werden.

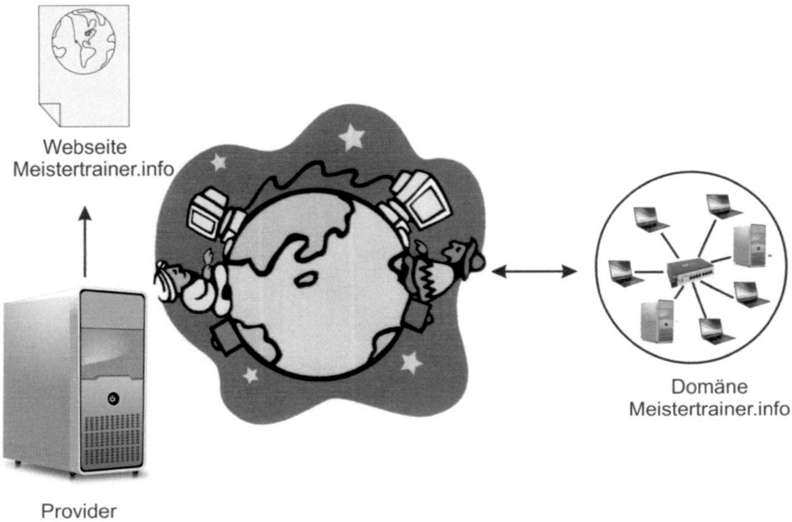


*Abbildung 2.3: Zwei Domänen*

Dies nennt man auch Split-DNS Konfiguration, da sowohl der interne als auch der externe DNS-Server Einträge für die Domäne hostet.

Betrachten wir die Konfiguration des internen DNS-Servers.

Da in unserem Beispiel die interne Domäne bereits den gewünschten Namen trägt, ist der erste Schritt der Konfiguration bereits erledigt, denn es existiert bereits eine Forward-Lookup-Zone mit diesem Namen.

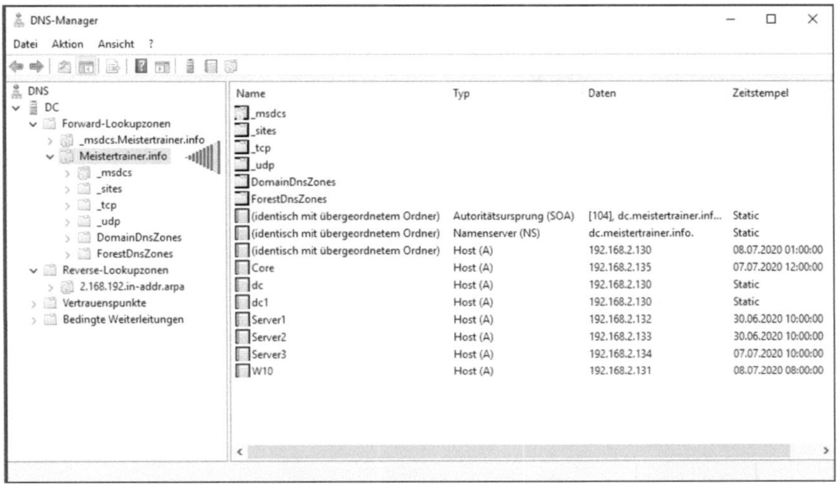


*Abbildung 2.4: Interner DNS-Server*

Nun gilt es zu beachten, dass es für die internen Clients nicht mehr möglich ist, die Webseite „Meistertrainer.info“ zu erreichen.

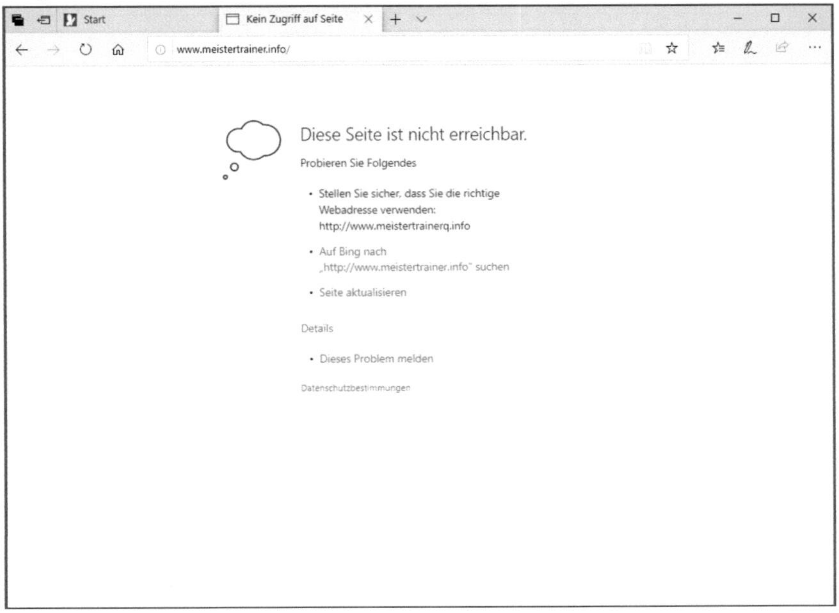


*Abbildung 2.5: Webseite ist nicht zu erreichen*

Das liegt daran, dass die internen Clients den internen DNS-Server abfragen. Dieser hostet die Zone „Meistertrainer.info“.

Allerdings schlägt eine Abfrage nach www.Meistertrainer.info fehl, da hierfür kein Eintrag vorhanden ist.

Die Lösung ist einfach: Wir erstellen einfach einen A-Eintrag mit dem Namen „www“, der auf die IP-Adresse des Webservers zeigt.

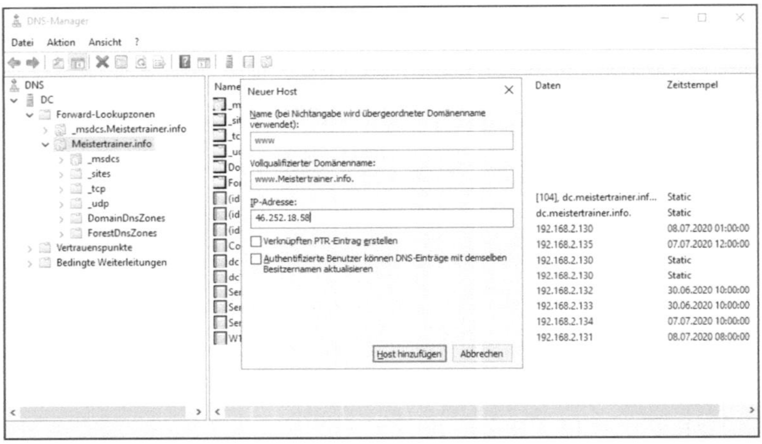


*Abbildung 2.6: www-Eintrag*

Nun kann die Webseite wieder erreicht werden.

*Abbildung 2.7: Webseite ist erreichbar*

Der nächste Schritt ist es, eine Reverse-Lookupzone einzurichten. In einer Standard Active Directory Installation wird diese nicht angelegt, für den Betrieb des Active Directory ist sie auch nicht nötig.

Allerdings gibt es einige Dienste, die nicht nur Namen zu IP-Adresse auflösen wollen, sondern auch IP-Adressen zu Namen. Für eine Exchange Installation sollte diese Auflösung funktionieren.

Also lege ich eine neue primäre Reverse-Lookupzone an, die auf allen DNS-Servern der Domäne ausgeführt wird.

Ich entscheide mich für eine IPv4 Zone und gebe die Netzwerk-ID an.

Die dynamischen Updates werden nicht benötigt.

Nach dem Erstellen der Zone sollten Sie noch kontrollieren, dass bei den „A-Einträgen" der Zone der Haken vor „entsprechenden Zeigereintrag (PTR) aktualisieren" gesetzt ist.

Damit ist dieser Konfigurationsschritt auch erledigt.

## 2.4 Vorbereitung DNS Server: Client Sucheinträge

Weiter geht es mit der Konfiguration der DNS-Einträge

- *Autodiscover.meistertrainer.info*
- *Mail.meistertrainer.info*

Sie erinnern sich?

Der Exchange Server stellt den Dienst Autodiscover zur Verfügung, damit die Outlook-Clients auf die Konfigurationsdatei zugreifen können.

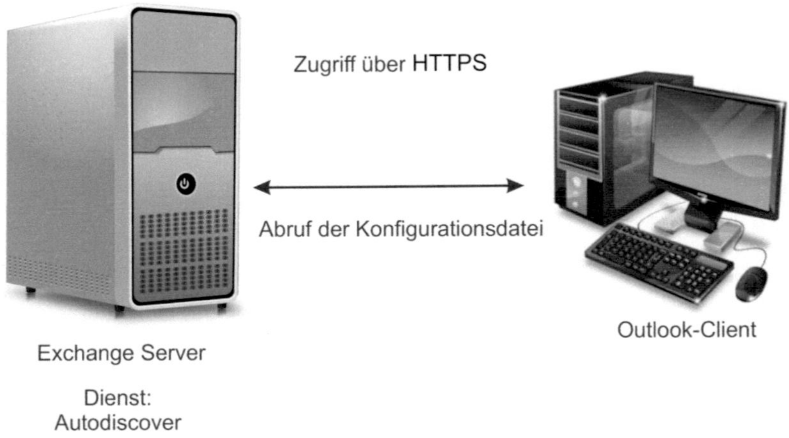


*Abbildung 2.8: Autodiscover*

In dieser Konfigurationsdatei steht unter anderem auch, auf welche URL der Client zugreifen kann, um seine Mails abzurufen.

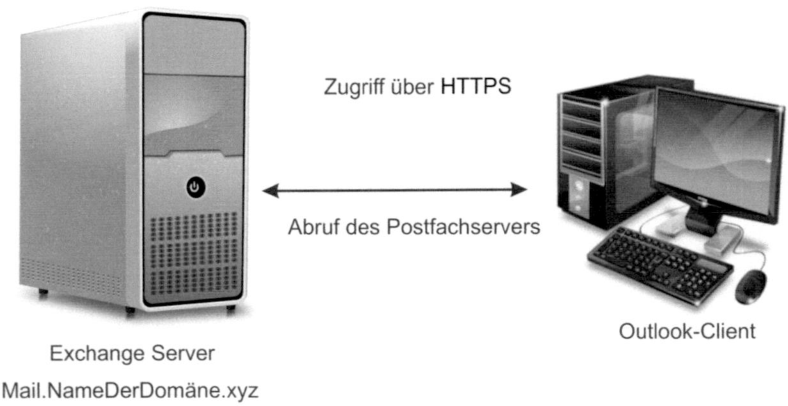


*Abbildung 2.9: URL*

Um allen Clients, egal, ob sie in der internen Domäne oder im Internet angesiedelt sind, diese URL bereitzustellen, müssen wir diese Einträge zunächst im internen DNS-Server konfigurieren und dann noch einige Anpassungen im externen DNS-Server vornehmen.

Beginnen wir mit dem internen DNS-Server.

Hier muss ich nun dafür sorgen, dass die beiden URL

- *Autodiscover.meistertrainer.info*
- *Mail.meistertrainer.info*

erreichbar sind.

Dafür erstelle ich zwei neue Forward-Lookup Zonen, eine mit dem Namen

*Autodiscover.meistertrainer.info*

Die andere mit dem Namen

*Mail.meistertrainer.info*

Ich zeige das Erstellen der Zonen am Beispiel der Zone Autodiscover.meistertrainer.info

Es handelt sich jeweils und primäre Zonen.

*Abbildung 2.10: Primäre Zone*

Diese werden auf allen DNS-Servern der Domäne ausgeführt.

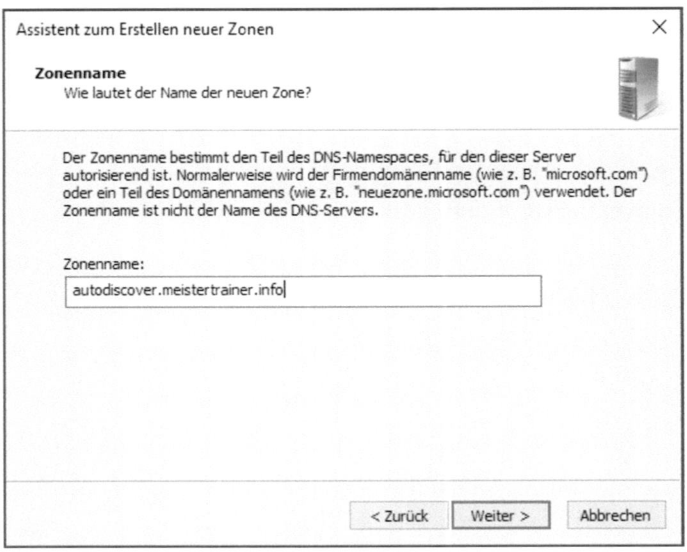


*Abbildung 2.11: Bereich*

Dynamische Updates werden nicht benötigt.

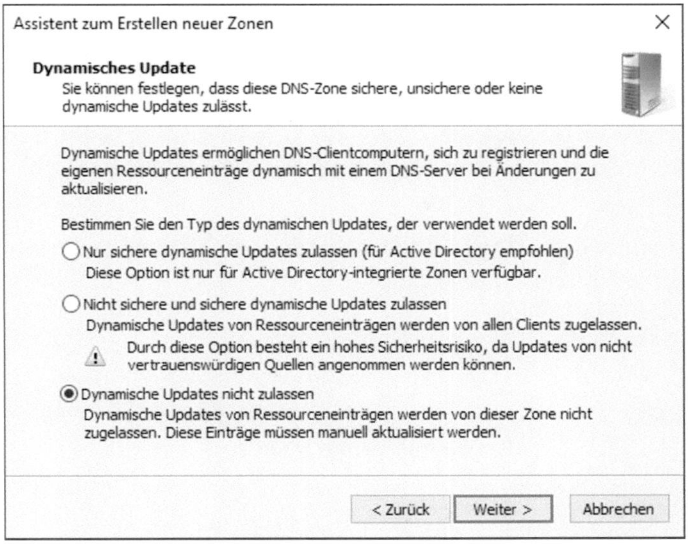


*Abbildung 2.12: Keine dynamischen Updates*

In dieser neuen Zone erstelle ich nun einen neuen A-Eintrag.

*Abbildung 2.13: A-Eintrag*

Wichtig ist, dass in das Feld „Name" kein Eintrag getätigt wird.

Damit wird der Name der Zone ohne vorangestellten Host als Ziel definiert.

Als IP-Adresse gebe ich die interne IP-Adresse des Exchange Servers an, und entferne den Haken vor „Verknüpften PTR-Eintrag erstellen".

Danach lautet der Eintrag „(identisch mit übergeordnetem Ordner)", also „Autodiscover.meistertrainer.info".

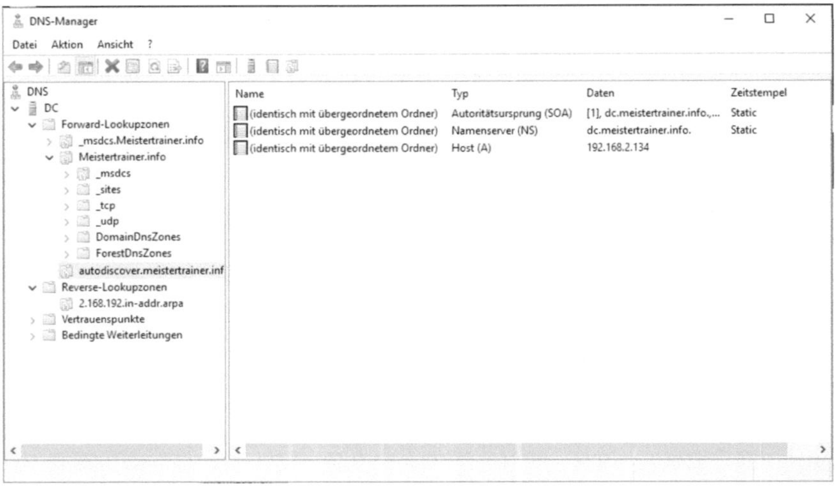


*Abbildung 2.14: Eintrag ist erstellt*

Die gleiche Vorgehensweise wird für die Erstellung der Zone „Mail.meistertrainer.info" benutzt.

Das ist bereits alles, damit ist der interne DNS-Server konfiguriert.

### 2.4.1 Konfiguration externer DNS-Server

Nun muss der externe DNS-Server so konfiguriert werden, dass er alle Anfragen, die er an die URL

- *Autodiscover.meistertrainer.info*
- *Mail.meistertrainer.info*

erhält, ebenfalls an den internen Exchange Server weitergeleitet werden.

Die Vorgehensweise ist für alle Provider unterschiedlich, aber prinzipiell werden hier ähnliche Schritte wie beim internen DNS-Server vorgenommen:

Es werden Subdomänen mit den entsprechenden Namen erstellt, also

- *Autodiscover.meistertrainer.info*
- *Mail.meistertrainer.info*

In beiden Subdomänen werden A-Einträge erstellt, und die IP-Adresse, auf die diese Einträge verweisen, ist in beiden Fällen die externe, öffentliche IP-Adresse des Routers des Unternehmens.

Danach muss am Router des Unternehmens noch eine Portweiterleitung eingerichtet werden, die den Port 443 (HTTPS) auf die interne IP-Adresse des Exchange Servers leitet.

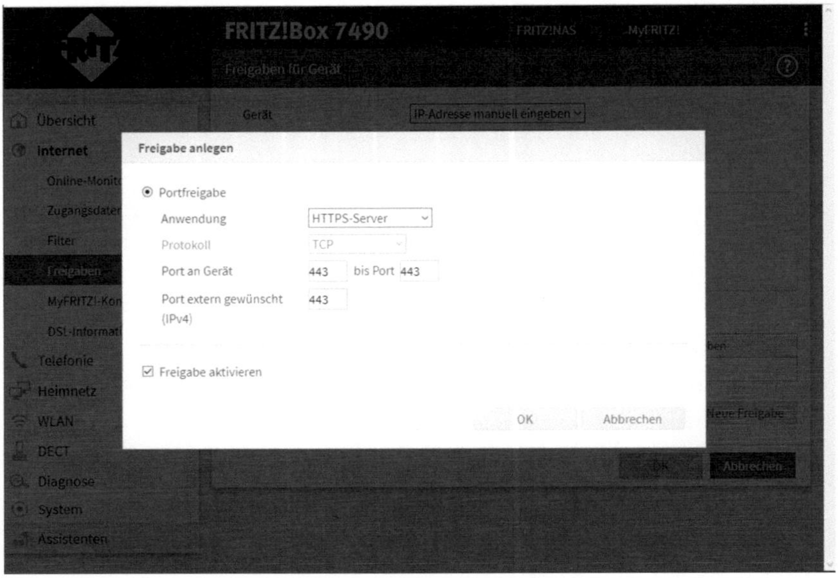


*Abbildung 2.15: Portweiterleitung*

Mit diesen Schritten ist der Exchange Server auch von Clients außerhalb des internen Netzwerks erreichbar.

# 3 Installation und erste Schritte

Nun ist es soweit, Sie können beginnen, den Exchange Server zu installieren.

## 3.1 Installation mit dem Assistenten

Sie haben einen Windows Server 2019 mit mehr als 8 GB Arbeitsspeicher, der Mitglied einer Active Directory Domäne ist, und haben alle Vorbereitungen abgeschlossen, inklusive der Installation der benötigten Komponenten.

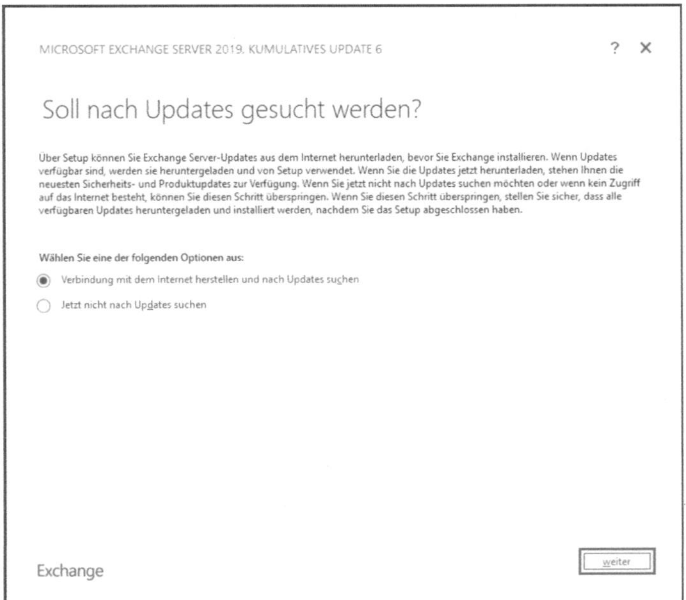


*Abbildung 3.1: Suche nach Updates*

Dann starten Sie die Installation des aktuellen Exchange Server 2019.

Zunächst legen Sie fest, ob direkt bei der Installation nach Updates gesucht werden soll.

Das ist natürlich sinnvoll, und Sie bestätigen die Abfrage.

Danach werden die Installationsdateien auf den Server kopiert.

*Abbildung 3.2: Kopieren der Dateien*

Im Anschluss wird das Setup gestartet.

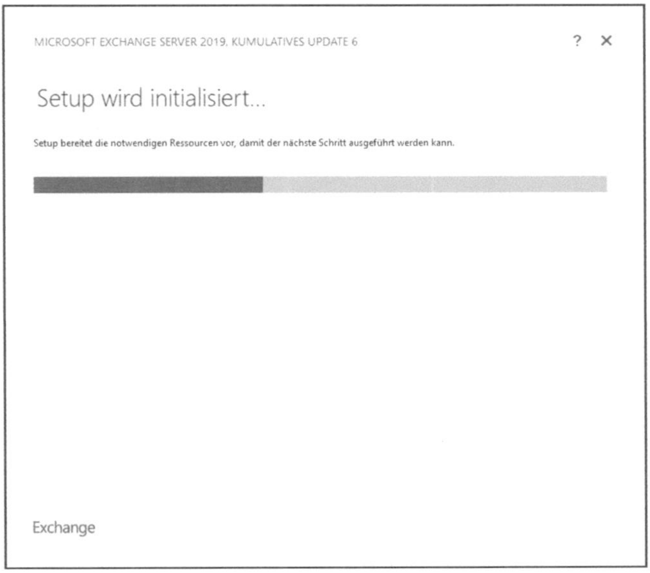


*Abbildung 3.3: Start des Setups*

Zunächst wird eine kleine Einführung in die Funktionen des Exchange Servers angezeigt. Klicken Sie auf „Weiter“.

*Abbildung 3.4: Einführung*

Danach bestätigen Sie die Lizenzbedingungen.

*Abbildung 3.5: Lizenzbedingungen*

Nun beginnen die wenigen Fragen zur Einrichtung.

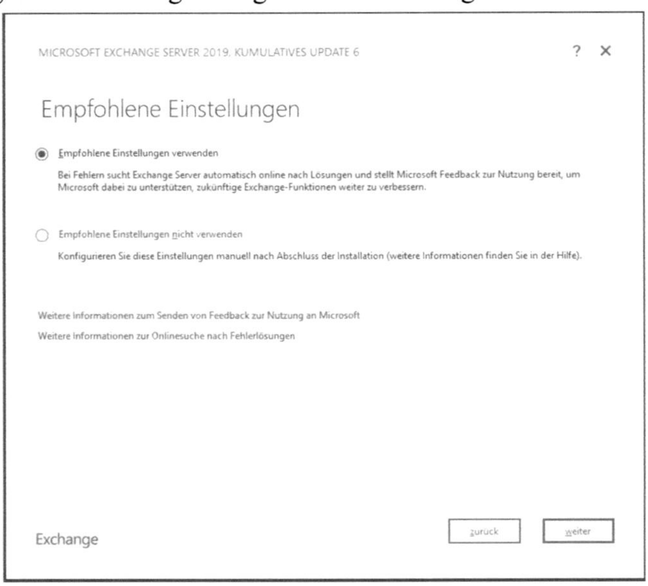


*Abbildung 3.6: Empfohlene Einstellungen*

Die empfohlenen Einstellungen können Sie bestätigen, da Sie für alle Komponenten die Möglichkeit haben, sie auch noch nach der Installation zu ändern.

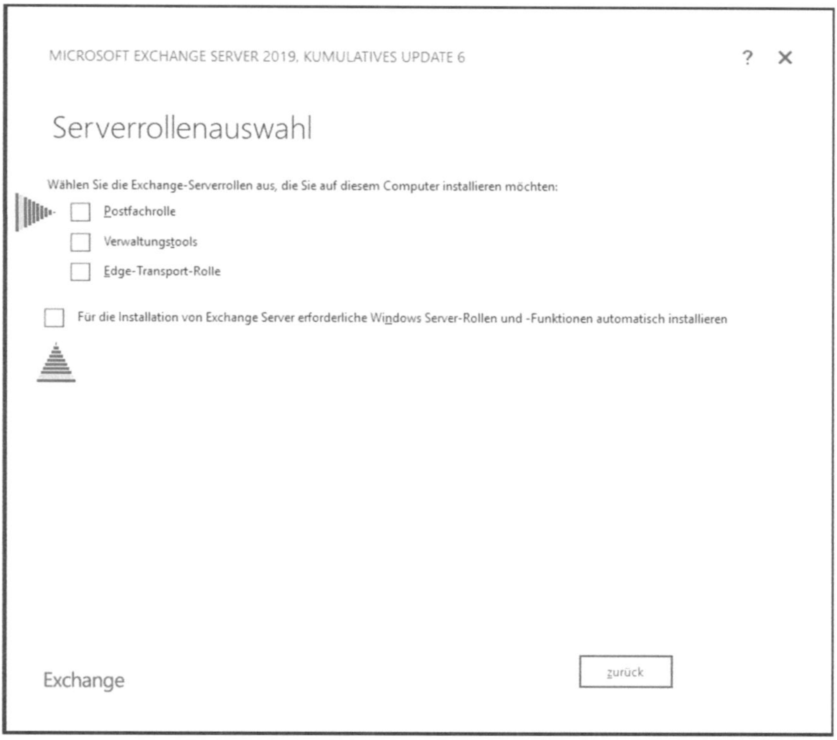


*Abbildung 3.7: Serverrollen*

Der nächste Schritt ist die Auswahl der zu installierenden Serverrollen.

Da dies der erste Exchange Server im Unternehmen sein wird, wählen Sie die Rolle des Postfachservers aus.

Eine sinnvolle Option ist, den Haken bei „Für die Installation von Exchange Server erforderliche Windows Server-Rollen und –Funktionen automatisch installieren".

Dadurch müssen Sie keine weiteren manuellen Konfigurationen vornehmen.

*Abbildung 3.8: Speicherplatz*

Nun wählen Sie den Speicherplatz für die Installation aus.

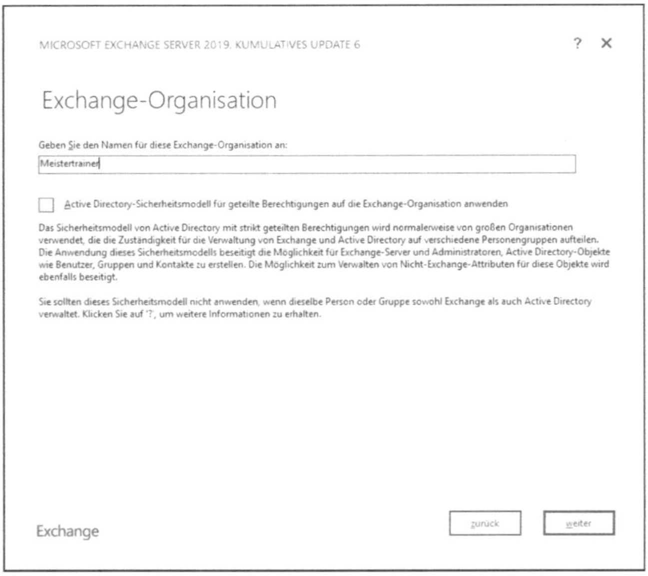


*Abbildung 3.9: Name der Organisation*

Der nächste, wichtige Schritt ist es, der Exchange-Organisation einen Namen zu geben.

Dieser Name kann später nicht mehr geändert werden, also sollten Sie ihn sorgfältig wählen!

Der untere Teil des Fensters bietet Ihnen die Möglichkeit, eigene Sicherheitsgruppen für die Verwaltung von Exchange Server anzulegen, was in großen Organisationen durchaus sinnvoll sein kann.

In unserem Beispiel möchten Sie keine Teilung der administrativen Tätigkeiten und klicken auf „weiter".

*Abbildung 3.10: Schutz vor Schadsoftware*

Exchange Server bietet eine eigene Überprüfung der Postfächer auf Schadsoftware. Diese können Sie auch durch Tools anderer Hersteller ersetzen. In diesem Fall können Sie den Schutz hier deaktivieren.

*Abbildung 3.11: Bereitschaftsüberprüfung*

Nun überprüft das Setup, ob alle Voraussetzungen für die Installation von Exchange Server gegeben sind. Sollten benötigte Komponenten fehlen, wie beispielsweise die richtige .Net-Version, erhalten Sie eine dementsprechende Meldung.

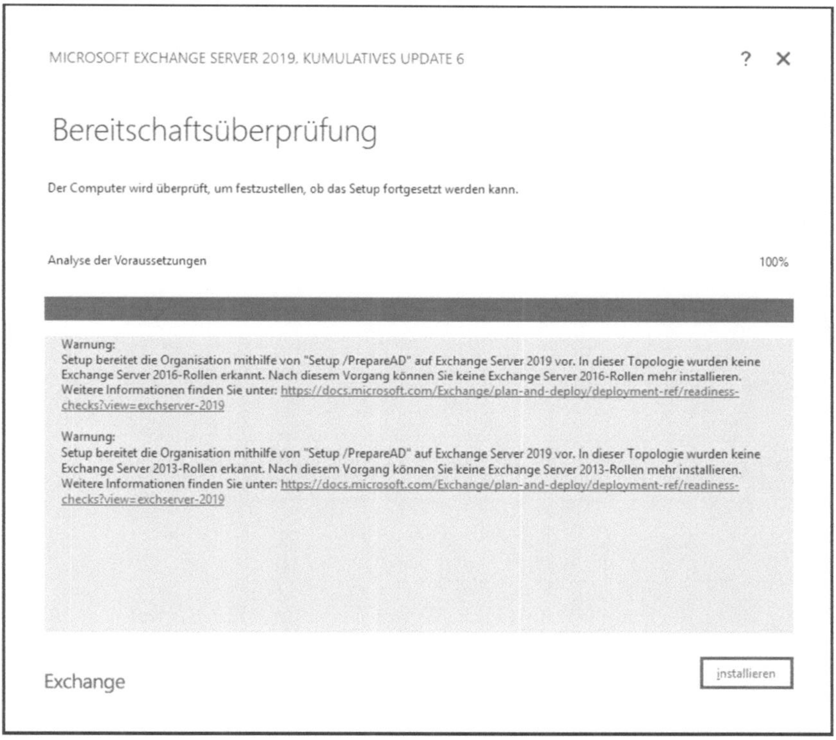


*Abbildung 3.12: Ergebnis der Überprüfung*

In unserem Fall sind alle Komponenten vorhanden.

Das Setup warnt uns noch einmal, dass Änderungen am Schema vorgenommen werden.

Diese Änderungen sind in unserem Fall für den Exchange Server 2019, und wir erhalten noch die Meldung, dass nach diesen Änderungen eine ältere Exchange Version nicht mehr installiert werden kann.

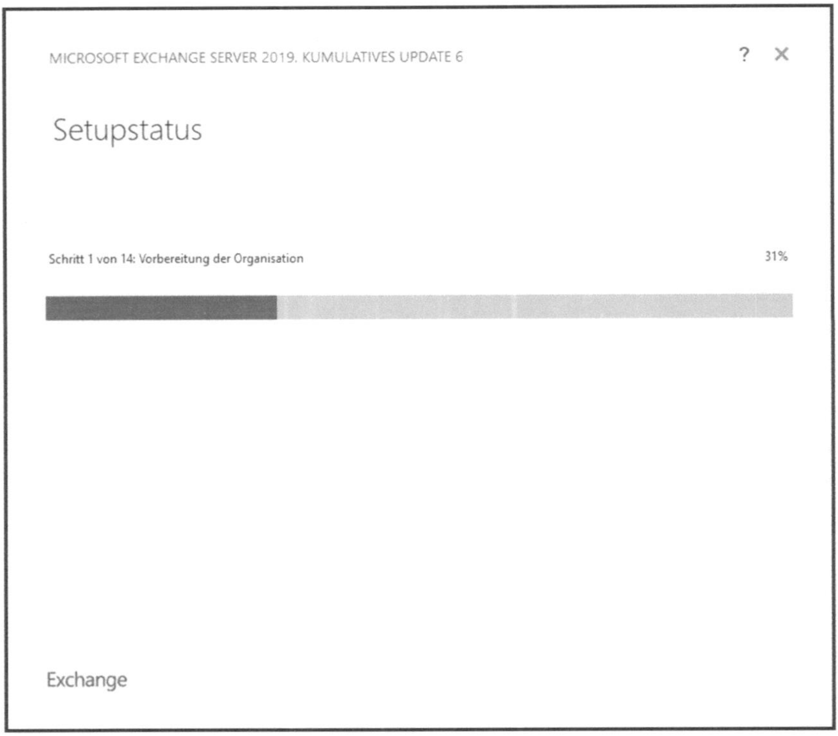


*Abbildung 3.13: Das Setup beginnt*

Danach beginnt das eigentliche Setup, das sehr lange dauern kann.

Zum Schluss sehen Sie noch eine Zusammenfassung und den Hinweis, dass der Computer neu gestartet werden muss.

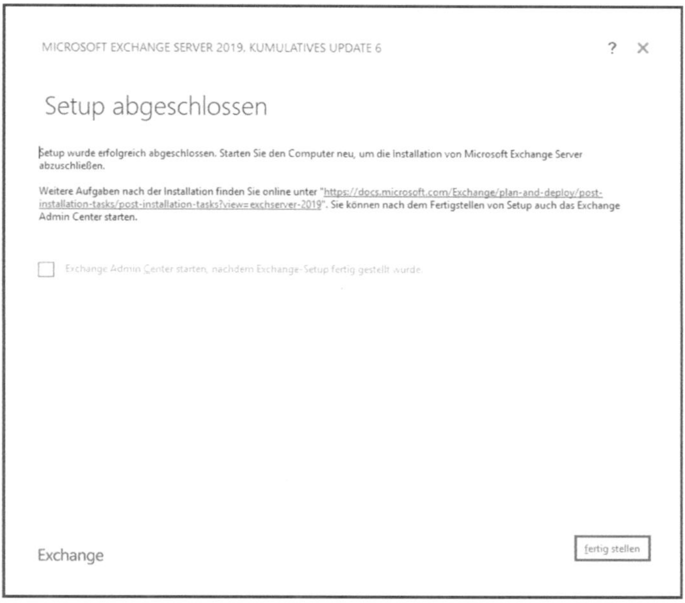


*Abbildung 3.14: Setup abgeschlossen*

Nach dem Neustart ist der Exchange Server installiert, und Sie können die Verwaltungskonsolen aufrufen.

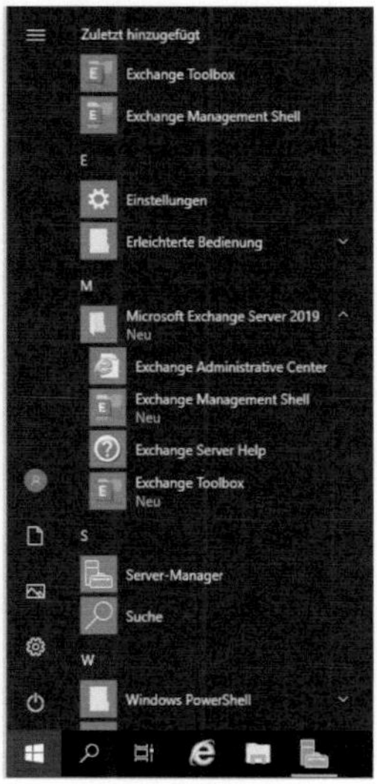


*Abbildung 3.15: Verwaltungskonsolen*

## 3.2 Installation auf einem Core Server

Exchange Server 2019 kann auch auf einem Core-Server installiert werden, das war bei den vorherigen Versionen von Exchange Server nicht möglich.

Ein Core-Server ist ein Server ohne grafische Benutzeroberfläche. Dies macht ihn schneller und weniger anfällig, aber leider auch schwerer zu administrieren.

Ein Core-Server wird ähnlich installiert, nur wählen Sie im Auswahlfeld die gewünschte Edition ohne den Hinweis „Desktopdarstellung“ aus.

Wenn Sie eine minimale Oberfläche benutzen möchten, mit der Sie die allerwichtigsten Konfigurationseinstellungen vornehmen können, geben Sie ein

```
Sconfig
```

Dann öffnet sich das Menü „Serverkonfiguration“.

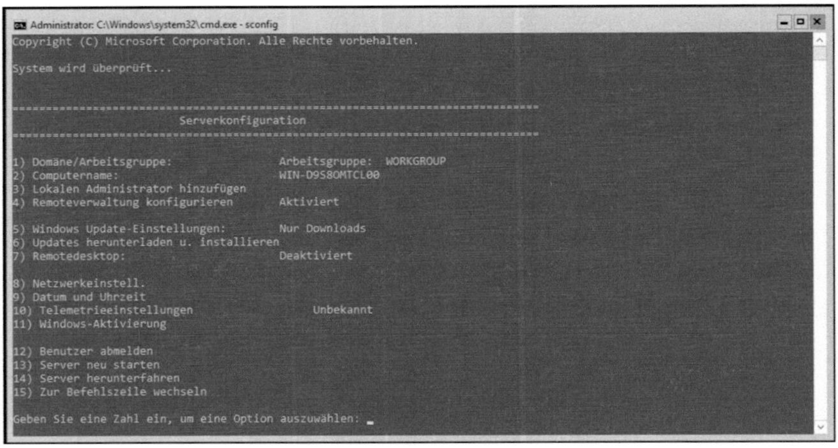


*Abbildung 3.16: Sconfig*

Hier können Sie alle relevanten Einstellungen vornehmen, wie die IP-Konfiguration, den Servernamen und natürlich auch einen Domänenbeitritt.

Den Core-Server müssen Sie natürlich auch mit den benötigten Voraussetzungen einrichten, allerdings gibt er hierbei ein paar Dinge zu beachten.

## 3.2.1 .Net Framework

Betrachten wir zunächst das .Net Framework.

Wenn Sie dies einfach mit dem .exe-Befehl installieren, bricht die Installation nach einigen Sekunden einfach ab.

Dies können Sie sehr einfach umgehen, indem Sie die Installation mit dem Parameter /q für quiet starten.

*Abbildung 3.17: .Net-Framework*

.Net Framework wird installiert, und der Server startet nach einer Weile neu.

## 3.2.2 Visual C++Redistributable Paket

Danach installieren Sie das Visual C++Redistributable Paket.

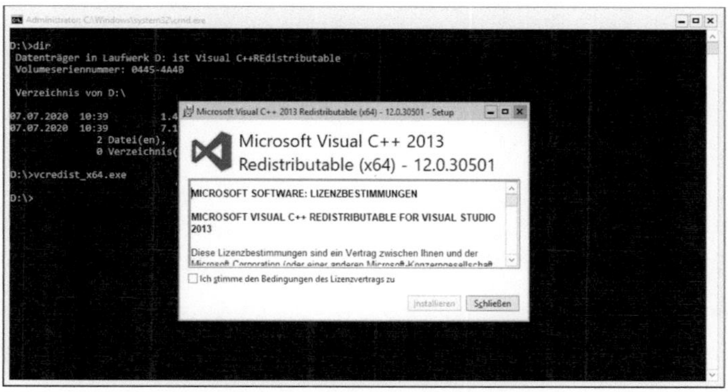


*Abbildung 3.18: Visual C++ Redistributable*

Diese Installation klappt problemlos.

### 3.2.3 Feature „Server-Media-Foundation“

Im nächsten Schritt wird das Windows Feature „Server-Media-Foundation“ installiert.

Der einfachste Weg dafür ist es, eine Remoteinstallation von einem anderen Server aus zu initiieren.

### 3.2.4 Unified Communications Managed API 4.0

Weiter geht es mit der Unified Communications Managed API 4.0.

Wenn Sie diese Komponente installieren möchten, und versuchen Ihr Glück mit der Downloadversion, erhalten Sie eine Fehlermeldung:

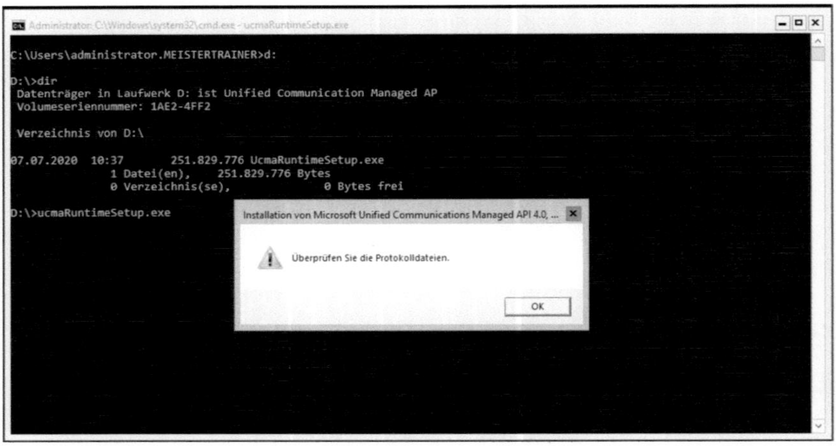


*Abbildung 3.19: Fehlermeldung*

Das ist leider keine aussagekräftige Meldung, und bringt uns nicht wirklich weiter.

Sie müssen für die Installation nicht die Downloadvariante wählen, sondern die Version, die mit dem Exchange-Server Installationsmedium geliefert wird. Diese finden Sie dort im Verzeichnis

UCMARedist.

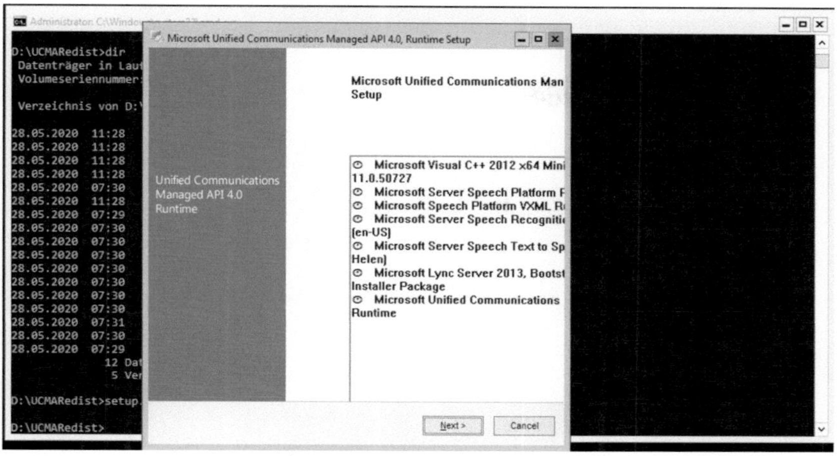


*Abbildung 3.20: UCMA Exchange DVD*

Damit läuft die Installation ohne Probleme durch.

## 3.2.5 Installation des Exchange Servers

Danach können Sie die Installation von Exchange Server starten.

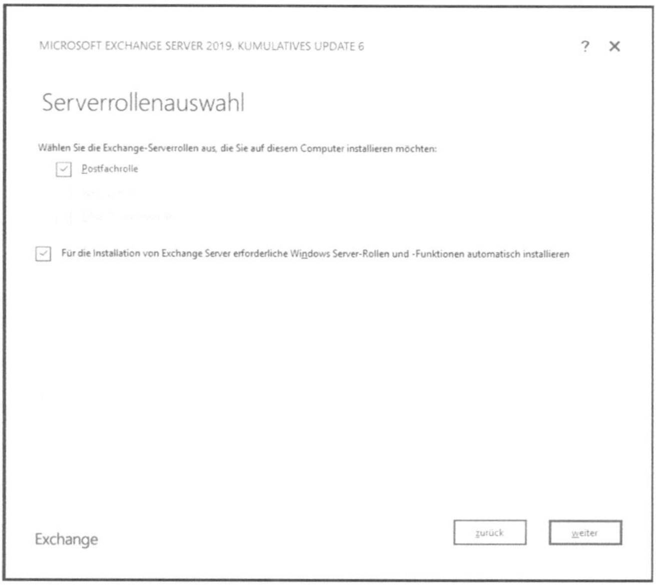


*Abbildung 3.21: Installation*

Die Installation läuft genauso, wie die Installation auf der Desktopversion von Windows Server 2019.

Allerdings erfolgt nach der Abfrage nach dem Speicherplatz keine Abfrage zur Organisation.

Da dies der zweite Exchange Server ist, ist der Name der Organisation bereits angelegt, und wird vom Setup übernommen.

Der nächste Unterschied ist am Ende der Bereitschaftsüberprüfung zu finden.

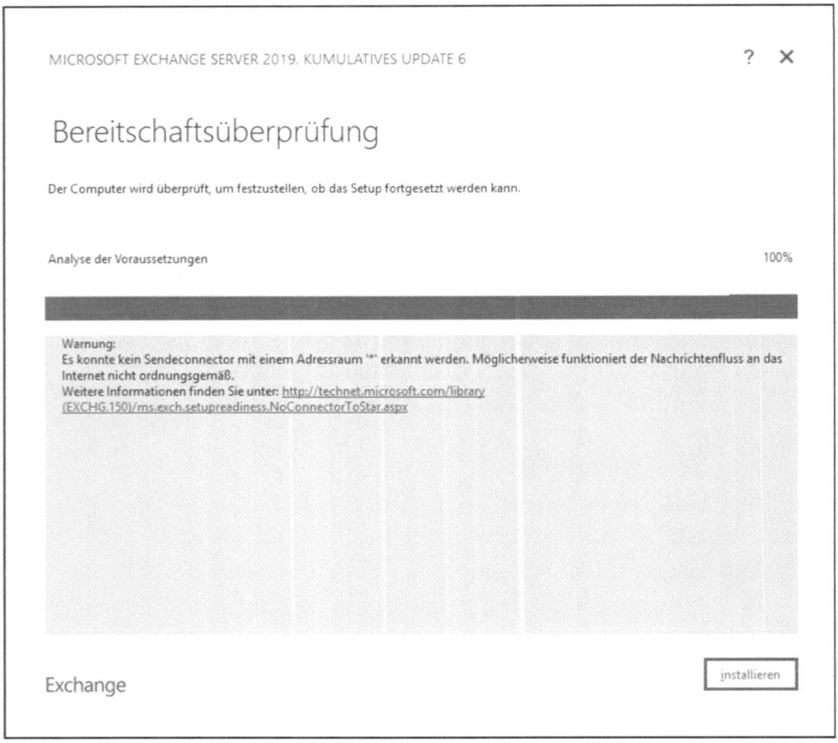


*Abbildung 3.22: Meldung der Anpassung*

Hier werden wir nicht mehr darauf aufmerksam gemacht, dass das Active Directory angepasst wird, denn es ist ja schon mit dem ersten Server verändert worden.

Wir erhalten lediglich noch eine Meldung, die besagt, dass die Konfiguration noch nicht angepasst wurde, was ja tatsächlich dem Stand unserer Einrichtung entspricht.

Ansonsten läuft die Installation genauso durch, wie bei der Desktopvariante.

## 3.3 Unbeaufsichtigte Installation

Natürlich besteht auch die Möglichkeit, die Installation ohne grafische Benutzeroberfläche zu starten, das ist besonders auf einem Core-Server eine gern gewählte Option.

Dazu wird der Befehl „Setup.exe“ mit diversen Parametern benutzt.

Die wichtigsten Parameter sind diese:

| **Parameter** | **Beschreibung:** |
| --- | --- |
| /IAcceptExchangeServerLicenseTerms | Dieser Parameter ist für eine unbeaufsichtigte Installation eine zwingende Voraussetzung. Mit ihm akzeptieren Sie die Lizenzbedingungen. |
| /Modus<InstallationMode><br>(oder /m: <InstallationMode> ) | Mit diesem Parameter legen Sie den Installationsmodus fest.<br>Sie können wählen zwischen<br>**Install**:<br>Ein neuer Exchange Server wird installiert.<br>Dafür müssen Sie mit einem weiteren Parameter die Rolle spezifizieren.<br>**Deinstall**<br>Deinstalliert Exchange Server. |

<table>
<tr><td></td><td>Upgrade<br>Hiermit wird ein kumulatives Update installiert.<br>Recover Server<br>Dies ist eine Reparaturfunktion.</td></tr>
<tr><td>/roles: <ServerRole> _ oder _/r: <ServerRole></td><td>Dieser Parameter ist bei einer Installation zwingend-<br>Sie können wählen zwischen:<br>• Mailbox (oder mb):<br>Hiermit werden die Mailbox-Rolle und die Exchange Management-Tools installiert.<br>• EdgeTransport (oder et):<br>Hiermit werden die Edge-Transportserver-Rolle- und die Exchange Management-Tools installiert.<br>ManagementTools (oder Mt oder t):<br>Hiermit werden die Exchange-Verwaltungstools auf Clients oder anderen Windows-Servern, auf denen Exchange nicht ausgeführt wird, installiert.</td></tr>
<tr><td>/OrganizationName: " <Organization Name> "<br>(oder /on: " <Organization Name> ")</td><td>Hiermit geben Sie den Namen der Organisation an.</td></tr>
</table>

| /InstallWindowsComponents | Gibt an, dass alle benötigten Windows Komponenten automatisch installiert werden sollen. |
|---|---|

Eine unbeaufsichtigte Installation könnten Sie also beispielsweise starten mit dem Befehl:

```
Setup.exe /m:install /roles:m
/IAcceptExchangeServerLicenseTerms
/InstallWindowsComponents
/OrganizationName: Meistertrainer
```

Natürlich gibt es noch weitaus mehr Parameter für eine unbeaufsichtigte Installation, diese finden Sie bei Microsoft unter folgender URL:

https://docs.microsoft.com/de-de/exchange/plan-and-deploy/deploy-new-installations/unattended-installs?view=exchserver-2019

## 3.4 Überprüfung der Installation

Nachdem die Installation abgeschlossen ist, sollten Sie zunächst überprüfen, ob Sie auf das Admin-Center zugreifen können.

Dafür öffnen Sie bei der Installation auf dem Server mit grafischer Benutzeroberfläche einfach das Exchange Server Admin Center.

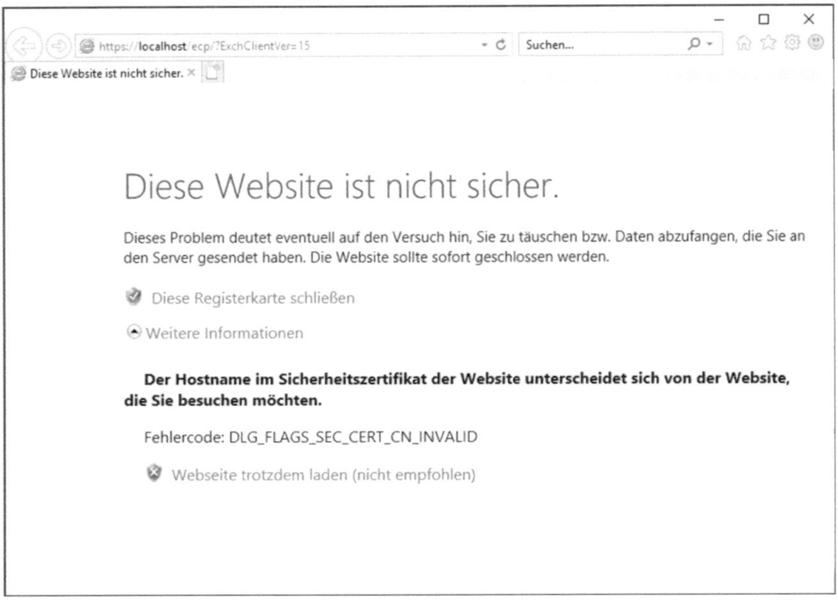


*Abbildung 3.23: Admin Center*

Leider erhalten Sie eine Fehlermeldung, dass diese Webseite nicht sicher ist.

Wenn Sie auf „weitere Informationen" klicken, sehen Sie, dass sich der Hostname des Sicherheitszertifikats der Webseite von der besuchten Webseite unterscheidet.

Ok, das ist insofern klar, als unser Hostname hier „localhost" ist und dafür sicher kein Zertifikat vorliegt.

Aber ich kann das Admin Center trotzdem öffnen, indem ich auf „Webseite trotzdem laden" klicke.

Das ist zwar nicht empfohlen, und generell sollten Sie vorsichtig sein, wenn Sie eine solche Fehlermeldung erhalten, aber in diesem Fall ist das soweit in Ordnung.

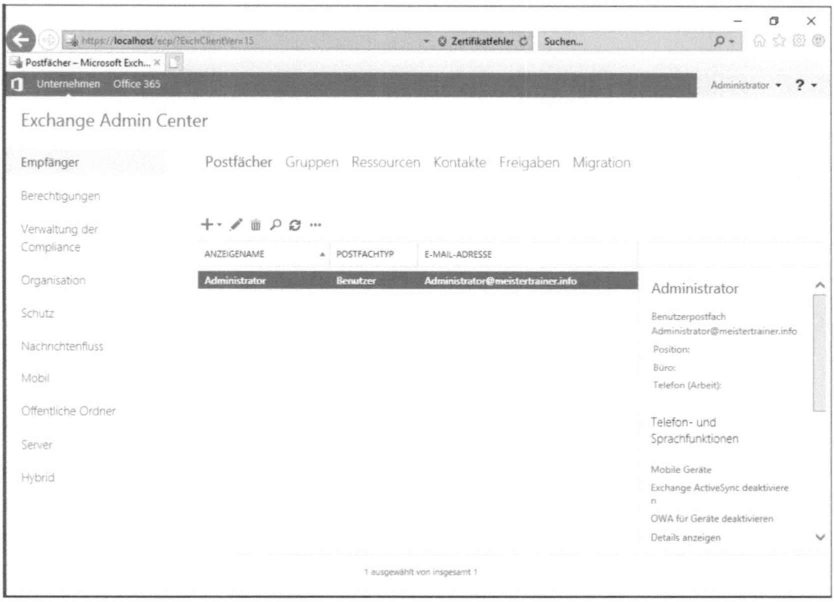


*Abbildung 3.24: Admin Center wird geöffnet*

Das Exchange Server Admin Center wird nun angezeigt.

Es stellt sich aber die Frage, ob wir denn auf das Admin Center der Installation auf dem Core-Server zugreifen können.

Prinzipiell ist das natürlich schwierig, weil ein Core-Server keine grafische Benutzeroberfläche hat, und wir deswegen das Admin-Center nicht starten können.

Aber es ist Ihnen sicher aufgefallen, dass auf dem Desktopserver das Admin-Center im Browser gestartet wurde, die Tatsache können wir ausnutzen.

Wir können nämlich auf das Admin-Center auf dem Core-Server von jedem Domänenrechner aus zugreifen, indem wir einfach nur einen Browser öffnen und dort eingeben:

*https://<IP-AdresseDesExchangeServers>/ecp*

Das versuche ich von einem Windows 10 Client aus, der Mitglied der Domäne ist.

Ich erhalte zwar die gleiche Zertifikats-Fehlermeldung, kann das Admin-Center aber öffnen.

Aber es gibt noch eine andere Möglichkeit, den Exchange Server zu verwalten, nämlich die Verwaltung mithilfe der PowerShell.

Diese Art der Verwaltung erfreut sich großer Beliebtheit, einige Funktionen sind auch nur über die PowerShell sinnvoll zu verwalten.

Beim Server mit grafischer Oberfläche ist das Starten der PowerShell Umgebung für Exchange Server sehr einfach.

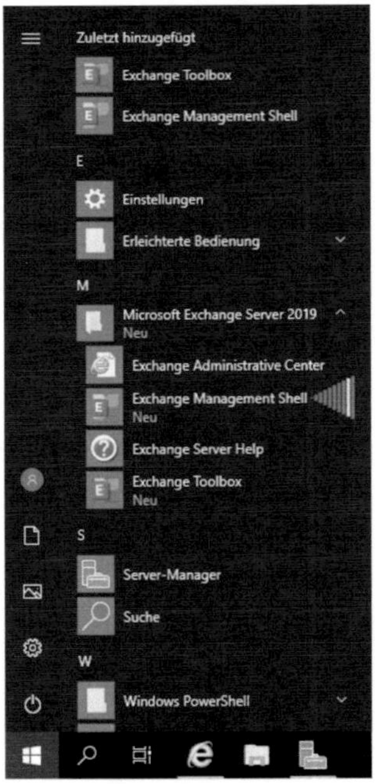


*Abbildung 3.25: PowerShell*

Sie wählen einfach aus dem Menü die „Exchange Management Shell" aus.

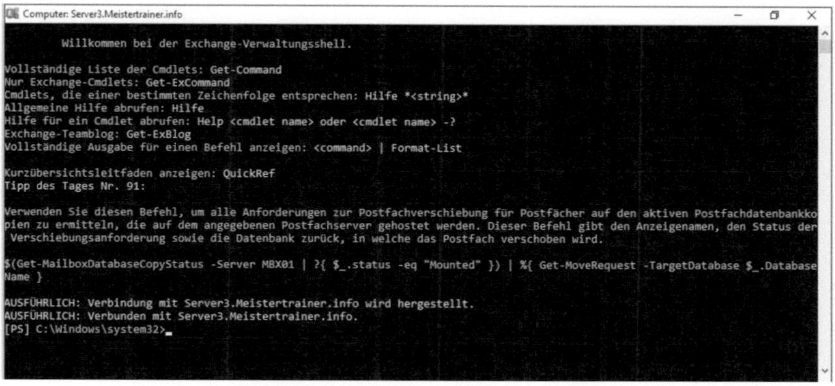


*Abbildung 3.26: PowerShell ist geöffnet*

Das Modul wird nun eingerichtet und gestartet.

Beim Core Server müssen wir wieder eine Remote-Verwaltung einrichten, denn die Management Shell kann nicht einfach aus dem Menü gestartet werden.

Dazu benutze ich wieder einen Domänenclient.

Auf ihm öffne ich die PowerShell im Administratormodus.

Der erste Schritt ist, dass ich die Ausführung von Skripten erlaube.

In diesem Fall kann ich die Auswahl auf Skripts begrenzen, die von einem vertrauenswürdigen Herausgeber signiert sind, nämlich Microsoft.

Das benötigte PowerShell Cmdlet lautet

```
Set-ExecutionPolicy RemoteSigned
```

Dieses Cmdlet müssen Sie nur ein einziges Mal auf dem Computer ausführen.

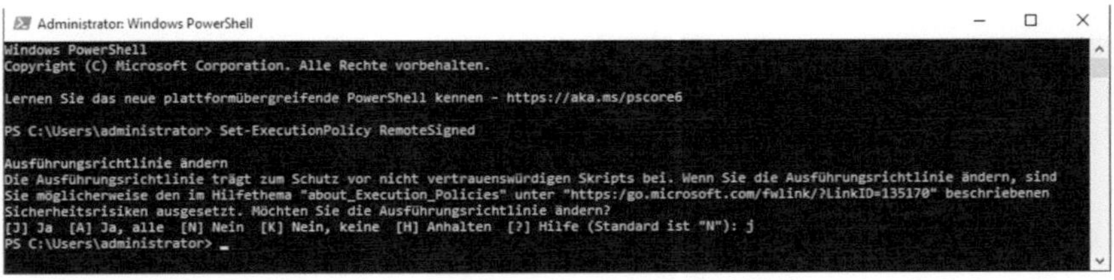


*Abbildung 3.27: Set-ExecutionPolicy*

Im nächsten Schritt definieren Sie den Remote Computer, auf den Sie zugreifen wollen:

```
$Session = New-PSSession -
ConfigurationName Microsoft.Exchange -
ConnectionUri
http://<ServerFQDN>/PowerShell/
```

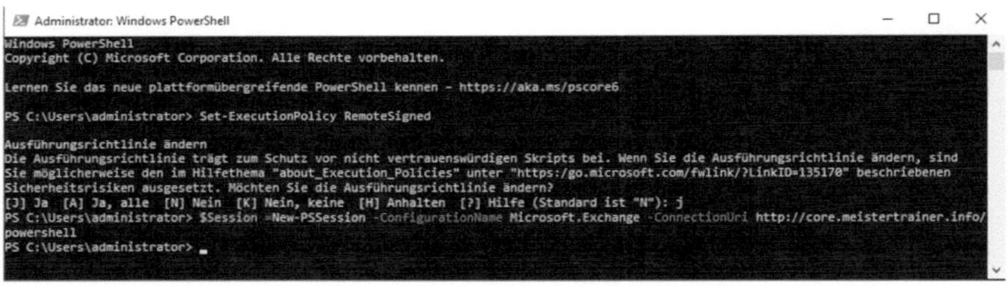


*Abbildung 3.28: New-PSSession*

Die Abfrage bestätigen Sie mit „J“.

Nun können Sie die Remote Sitzung einleiten, und ein Skript wird ausgeführt.

Das Cmdlet hierfür lautet

```
Import-PSSession $Session -
DisableNameChecking
```

Nun können Sie den Exchange Server remote verwalten.

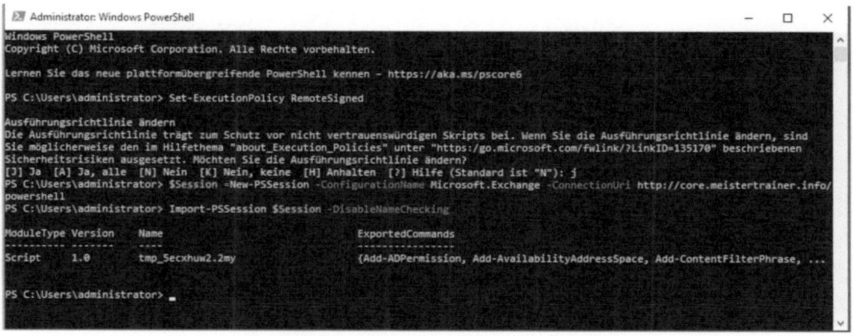


*Abbildung 3.29: Import PSSession*

Nach Ende der Sitzung sollten Sie nicht vergessen, die Remote-Sitzung wieder zu trennen.

Führen Sie hierfür folgendes Cmdlet aus:

```
Remove-PSSession $Session
```

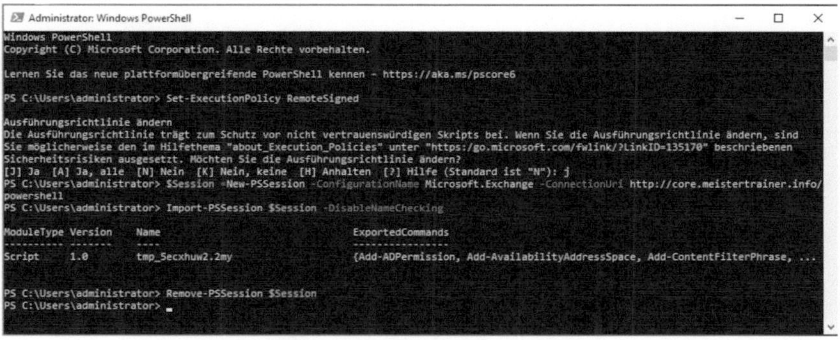


*Abbildung 3.30: Remove-PSSession*

## 3.5 Einrichten der Zertifikate

Wie wir wissen, wird der Exchange Server mit einem selbstsignierten Zertifikat installiert.

Damit wird ein gesicherter Datenverkehr nicht möglich sein, also sollten wir im ersten Schritt die richtigen Zertifikate besorgen und einrichten.

Es gibt viele Zertifizierungsstellen im Internet, einige sind kostenpflichtig, einige bieten Zertifikate auch kostenlos an, allerding sind die kostenlosen Angebote meistens beschränkt in der Funktionalität und Geltungsdauer des Zertifikats.

Aber egal, wie Sie sich entscheiden, Sie müssen immer eine Zertifikatsanforderung vom Exchange Server aus erstellen und diese zur Zertifizierungsstelle schicken.

Dazu gibt es mehrere Möglichkeiten.

Eine komfortable Möglichkeit ist es, die Anforderungen direkt im Exchange-Admin Center zu generieren.

Dafür öffnen Sie das Exchange Admin Center und navigieren zu

- Server
- Zertifikate

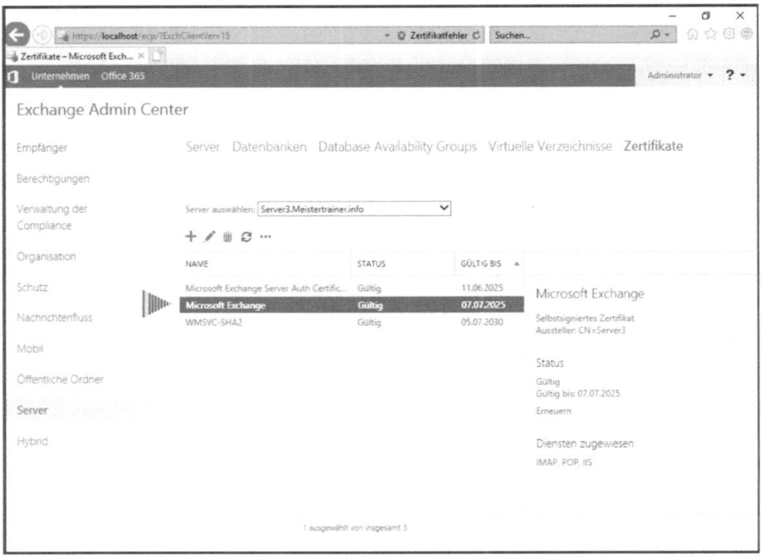


*Abbildung 3.31: Selbstsigniertes Zertifikat*

Sie sehen, dass das Exchange Server Zertifikat ein selbstsigniertes ist.

Sie können ein neues Zertifikat anfordern, indem Sie oben auf das „+“ klicken und dem Assistenten folgen.

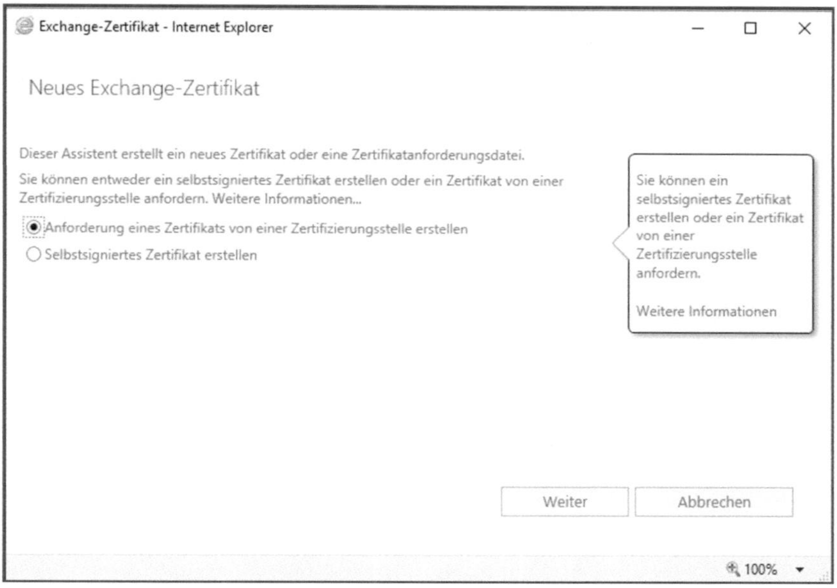


*Abbildung 3.32: Assistent startet*

An dieser Stelle wählen Sie natürlich „Anforderung eines Zertifikats von einer Zertifizierungsstelle erstellen“, denn Sie möchten kein selbstsigniertes Zertifikat erstellen, ein solches haben Sie ja schon.

Ich klicke auf „Weiter“.

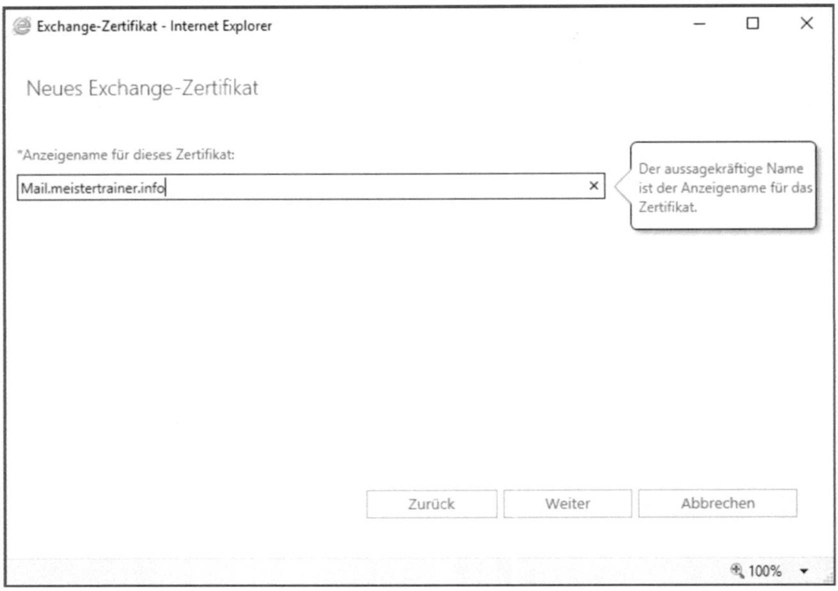


*Abbildung 3.33: Anzeigename*

Sie müssen einen Anzeigenamen wählen. Dieser Name hat keine weitere Bedeutung, es ist lediglich der Name, mit dem diese Zertifikatsanforderung und später auch das erstellte Zertifikat im Admin Center angezeigt werden.

Ich wähle hier „Mail.Meistertrainer.info“.

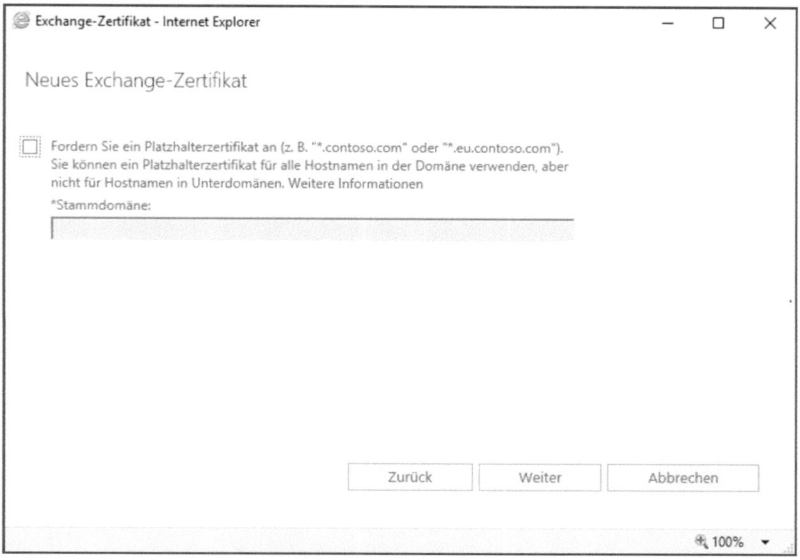


*Abbildung 3.34: Leerer Eintrag*

An dieser Stelle muss nichts eingetragen werden, da Sie kein Platzhalterzertifikat anfordern möchten, sondern ein spezifisches.

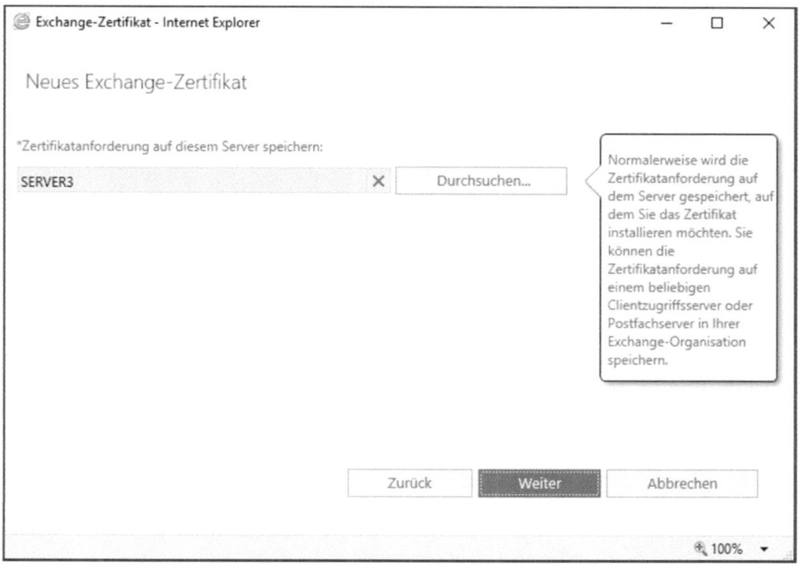


*Abbildung 3.35: Auswahl Server*

Nun wählen Sie den Server aus, auf dem das Zertifikat gespeichert werden soll, in unserem Fall der Server „Server3“.

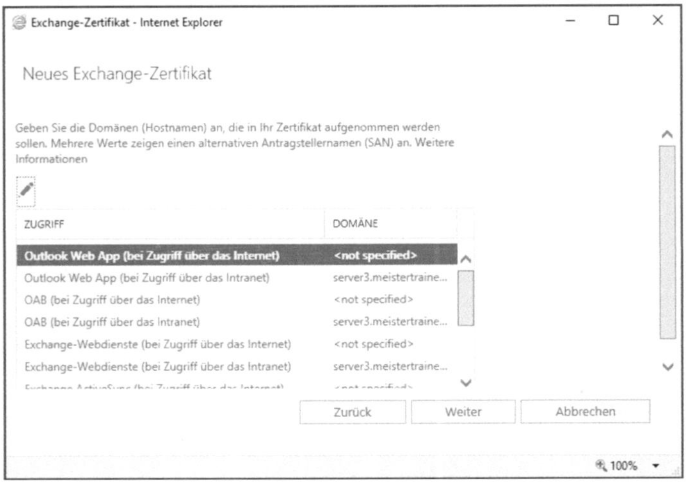


*Abbildung 3.36: Überblick*

Diese Seite ist nur für den Überblick gedacht, hier werden die momentan bestehenden URL gezeigt.

Mit diesen befassen wir uns später noch genauer.

Im Moment müssen Sie hier nichts ändern und können einfach auf „Weiter“ klicken.

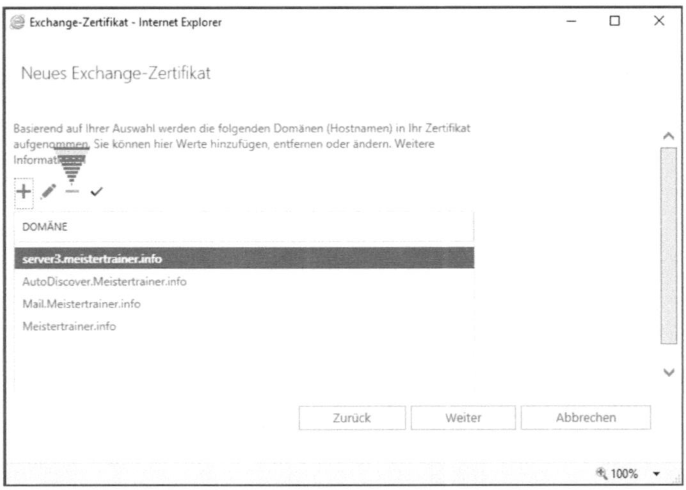


*Abbildung 3.37: Anzeige der möglichen Zertifikate*

Nun werden alle möglichen Zertifikate angezeigt, die Sie sinnvoll anfordern können.

Sie benötigen nicht alle vier Zertifikate, sondern nur

- *Mail.Meistertrainer.info*
- *Autodiscover.Meistertrainer.info*

*Abbildung 3.38: Wichtige Zertifikate*

Die beiden anderen Zertifikatsnamen können Sie löschen.

Für die Zertifikatsanforderung werden nun noch einige statistische Angaben verlangt.

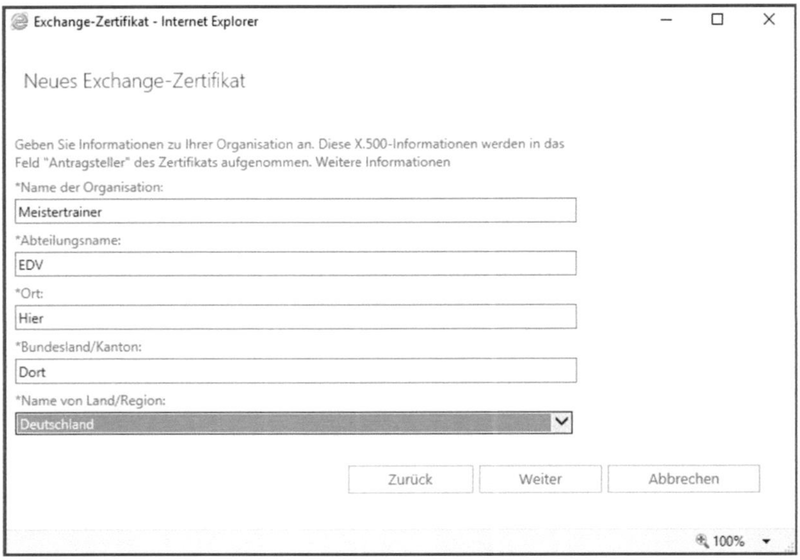


*Abbildung 3.39: Statistische Angaben*

Danach geben Sie einen Pfad an, an dem die Anforderung gespeichert werden kann und wählen für die Textdatei einen Namen.

*Abbildung 3.40: Speicherpfad*

Fertig!

Im Admin Center ist nun die eben erstellte Anforderung zu sehen, mit dem Kommentar „Ausstehende Anforderung“.

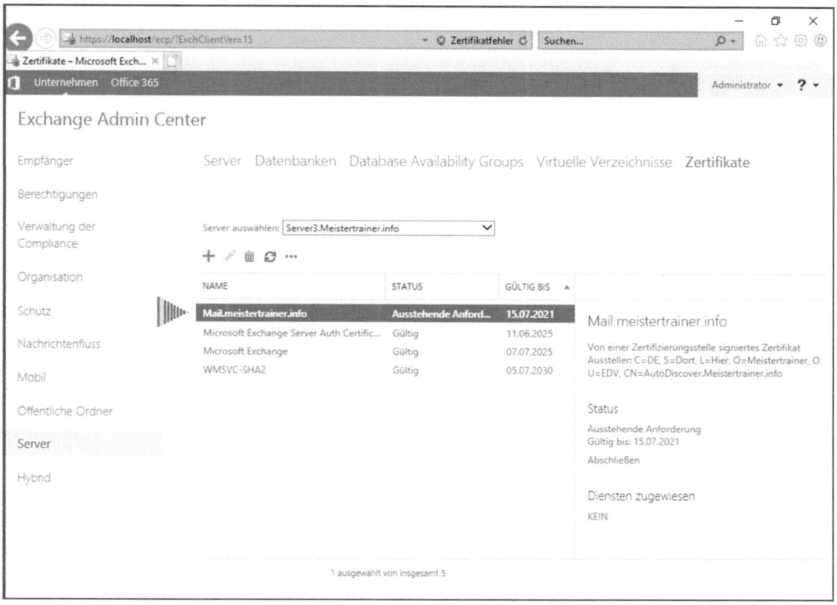


*Abbildung 3.41: Anforderung ist erstellt*

Das ist richtig, denn das war ja erst der erste Schritt, in dem ich lediglich eine Textdatei erstellt habe, die ich in einem zweiten Schritt bei einer Zertifizierungsstelle einreichen muss, um letztendlich ein Zertifikat zu erhalten.

Die zweite Möglichkeit ist das Anfordern mithilfe der Exchange PowerShell und der Eingabe folgenden Befehls:

```
New-ExchangeCertificate -Server
"Server3" -GenerateRequest -
FriendlyName "Exchange Cert" -
PrivateKeyExportable $true -SubjectName
"c=DE, s=Hier, l=Dort,
```

```
o=Meistertrainer, ou=IT,
cn=Mail.Meistertrainer.info" -
DomainName
Mail.Meistertrainer.info,autodiscover.M
eistertrainer.info -RequestFile
"\\Server3\C$\request.csr"
```

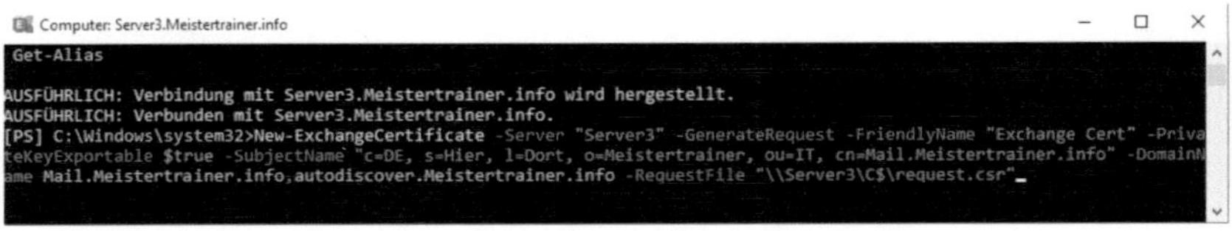


*Abbildung 3.42: New-ExchangeCertificate*

Aber egal, auf welche Art Sie die Anforderung erstellen, Sie erhalten immer einen verschlüsselten Text, mit dem Sie das Zertifikat anfordern können.

*Abbildung 3.43: Verschlüsselter Text*

Nachdem das Zertifikat ausgestellt und auf den Rechner kopiert ist, muss es noch installiert werden.

Eventuell müssen zuerst Zertifikate von Zwischenzertifizierungsstellen installiert werden, das ist abhängig von der Zertifizierungsstelle.

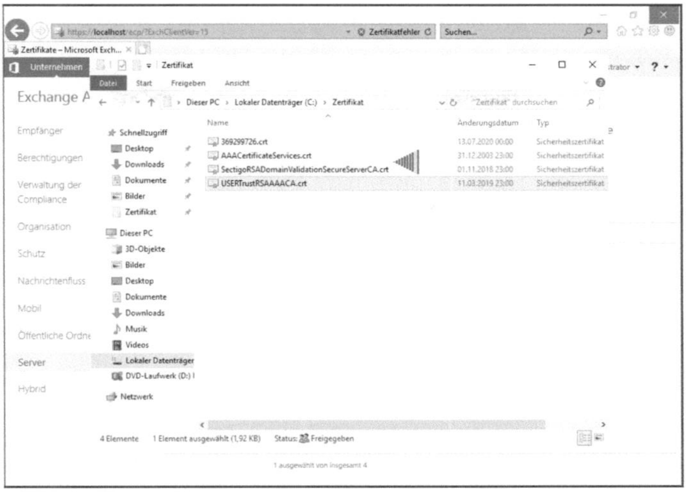

*Abbildung 3.44: Installieren der Zwischenzertifizierungsstellen*

Dies können Sie einfach vornehmen, indem Sie mit der rechten Maustaste klicken und „Zertifikat installieren“ wählen.

Aber lassen Sie uns das eigentliche Zertifikat betrachten, indem Sie es öffnen.

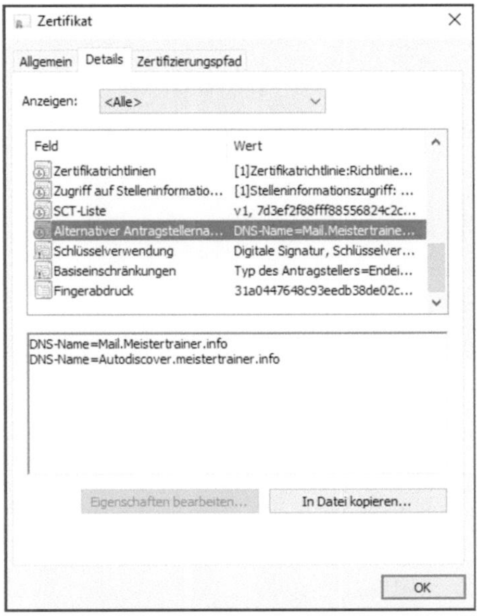


*Abbildung 3.45: Eigenschaften Zertifikat*

Sie können erkennen, dass es für beide benötigten Namen ausgestellt worden ist, also für

- Mail.Meistertrainer.info und
- Autodiscover.Meistertrainer.info

Ein Zertifikat mit mehreren Domänennamen wird als SAN-Zertifikat (Subject Alternative Name) bezeichnet, und ist in diesem Fall natürlich deutlich praktischer als zwei einzelne Zertifikate.

Um dieses Zertifikat zu installieren, geben Sie folgenden PowerShell-Befehl ein:

```
Import-ExchangeCertificate -FileData
([Byte[]]$(Get-Content -Path
C:\Zertifikat\369299726.crt -Encoding
byte -ReadCount 0))
```

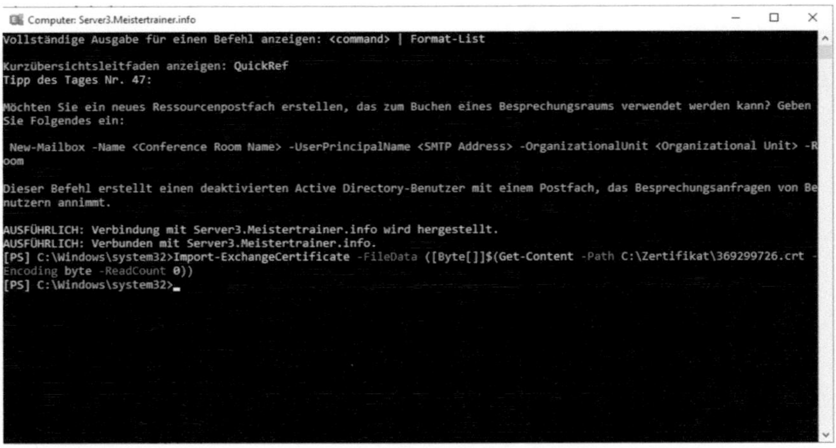


*Abbildung 3.46: Import-ExchangeCertificate*

Danach steht es in der Exchange Admin Konsole zur Verfügung und kann dort konfiguriert werden.

Mit einem Doppelklick können Sie es öffnen, und sehen die allgemeinen Konfigurationseinstellungen.

Auf der Registerkarte „Dienste“ können Sie das Zertifikat den gewünschten Diensten zuweisen.

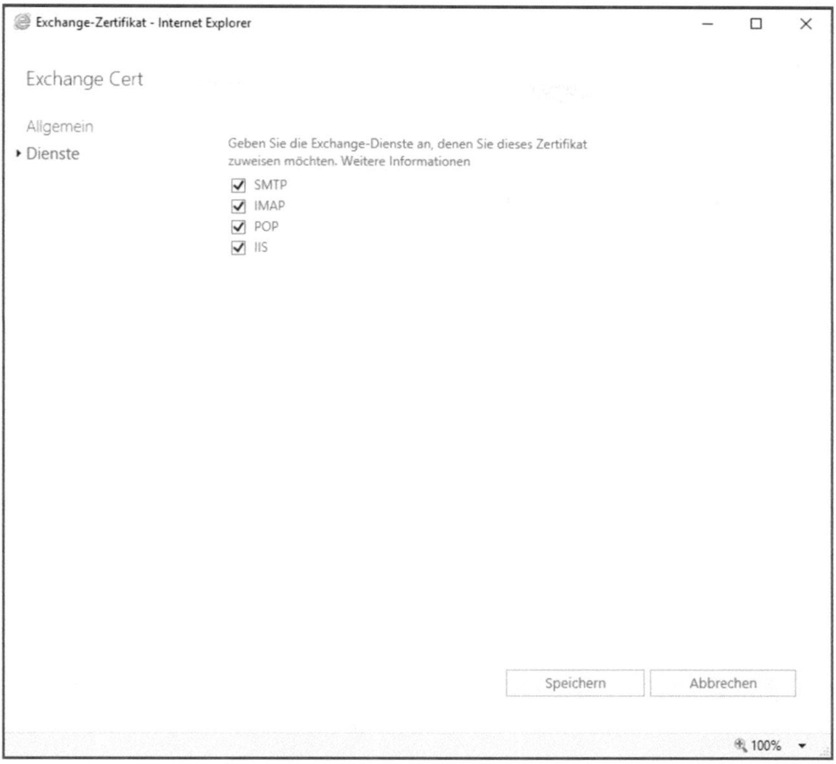


*Abbildung 3.47: Dienste zuweisen*

Der erste Schritt für die Zugriffskonfiguration ist getan, weiter geht es mit dem Anlegen der virtuellen Verzeichnisse.

# 4 Konfigurieren des Exchange Servers

Nachdem wir nun alle Vorbereitungen abgeschlossen haben, können wir beginnen, den Exchange Server für den Zugriff der Clients zu konfigurieren.

## 4.1 Virtuelle Verzeichnisse einrichten

Das neue Zertifikat haben wir bereits installiert, der nächste Schritt ist es, allen betroffenen Diensten mitzuteilen, dass wir nun die URL

- *Mail.meistertrainer und*
- *Autodiscover.meistertrainer.info*

benutzen.

**Sie erinnern sich?**

Autodiscover ist ein Dienst, der auf jedem Exchange Server 2016 oder 2019 automatisch läuft und den Benutzern ermöglicht, die Outlook Profile auf dem Exchange Server einzurichten.

Der Exchange Server erstellt eine Konfigurationsdatei mit dem Namen „autodiscover.xml", die der Client ausliest und damit alle für die Kommunikation benötigten Informationen erhält, unter anderem auch alle Zugriffspunkte, die für eine Kommunikation mit dem Exchange Server wichtig sind.

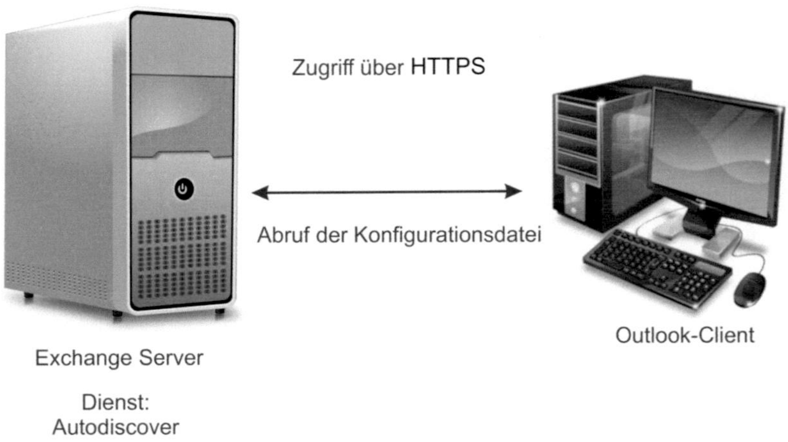


*Abbildung 4.1: Autodiscover*

Soweit, so gut.

Ich möchte an dieser Stelle klären, welche relevanten Zugriffspunkte es eigentlich für einen Client gibt.

**ECP**

Das ist das Exchange Control Panel, also die Verwaltungswebseite für das Exchange Admin Center.

**EWS**

Dies sind die Exchange-Web Services (Exchange Webdienste), die für den Zugriff auf Postfachinformationen sorgen.

**MAPI**

Über MAPI können Outlook Clients auf den Exchange Server zugreifen.

**ActiveSync**

ActiveSync ist für die E-Mailkommunikation mit mobilen Endgeräten gedacht.

**OAB**

OAB bedeutet „Offline Adressbuch". Diese Schnittstelle wird von Outlook-Clients verwendet, die im Exchange-Cache-Modus konfiguriert sind.

**OWA**

Mit „Outlook on the web“ kann auf E-Mail-Postfächer über einen Webbrowser zugegriffen werden.

Früher hieß diese Technologie „Outlook Web App“ oder „Outlook Web Access“.

**Outlook Anywhere**

Das ist die Funktion RPC über HTTPS, die von älteren Outlook Clients benutzt werden kann.

Sie sehen, diese Zugriffspunkte müssen sowohl von den internen als auch von den externen Clients erreicht werden können, um eine Kommunikation mit dem Exchange Server aufbauen zu können.

Alle diese Zugriffspunkte stellt der Internet Information Server auf dem Exchange Server zur Verfügung.

Auf ihm wurden virtuelle Verzeichnisse angelegt, die die oben erwähnten Namen tragen.

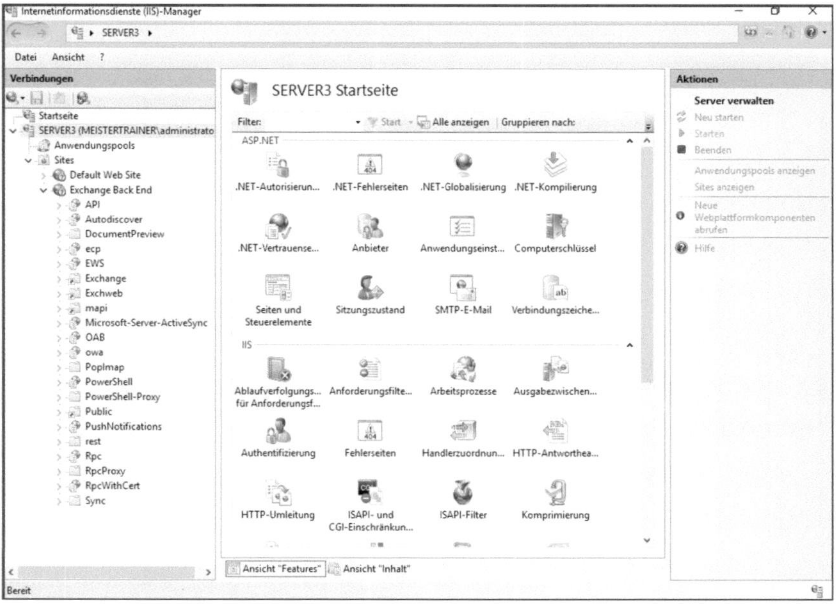

*Abbildung 4.2: IIS*

In der Exchange Verwaltungskonsole können wir diese virtuellen Verzeichnisse erkennen und danach auch konfigurieren.

Dazu navigiere ich zu

- Server
- Virtuelle Verzeichnisse

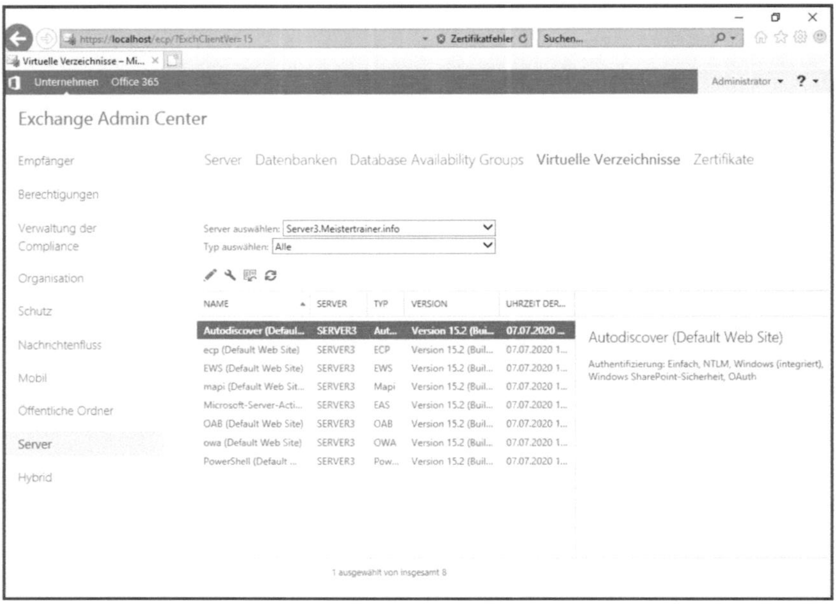


*Abbildung 4.3: Virtuelle Verzeichnisse*

Sie sehen auf den ersten Blick, dass alle Clientzugriffspunkte hier angezeigt werden.

Ich öffne nun das virtuelle Verzeichnis für ECP, also die Admin-Webseite.

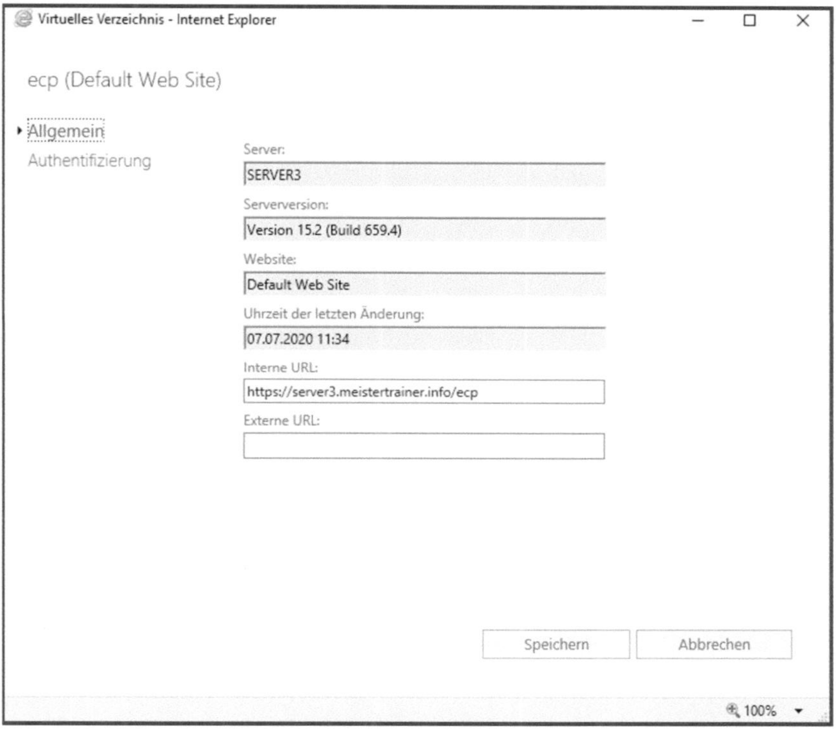


*Abbildung 4.4: Allgemein*

Ich sehe, dass als interne URL https://Server3.meistertrainer.info/ecp angegeben ist, für die externe URL ist kein Eintrag vorhanden.

Das bedeutet, dass im momentanen Zustand externe Benutzer überhaupt nicht auf diesen Zugriffspunkt zugreifen können, und die internen Benutzer über https://Server3.meistertrainer.info/ecp.

Wir wissen schon, dass wir ein Zertifikat mit Namen

*Mail.meistertrainer.info*

für die Clientzugriffe haben.

Also sollten wir den Zugriffsnamen für den Zugriffspunkt ecp dementsprechend anpassen auf

https://Mail.meistertrainer.info/ecp

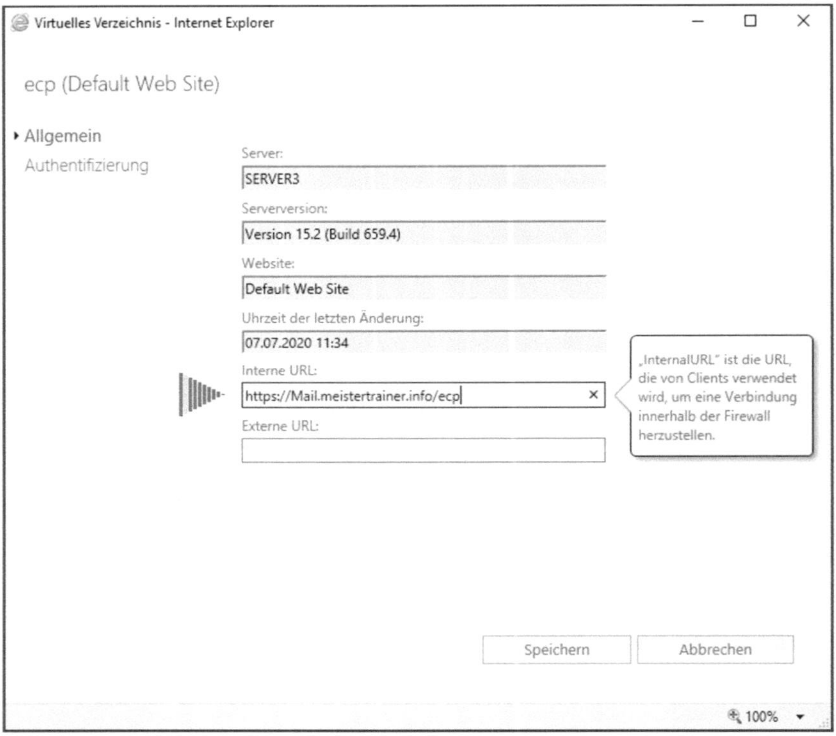


*Abbildung 4.5: Interne URL*

und da die externen Clients im Idealfall über die gleiche URL zugreifen sollten, geben wir die gleiche URL auch für extern ein.

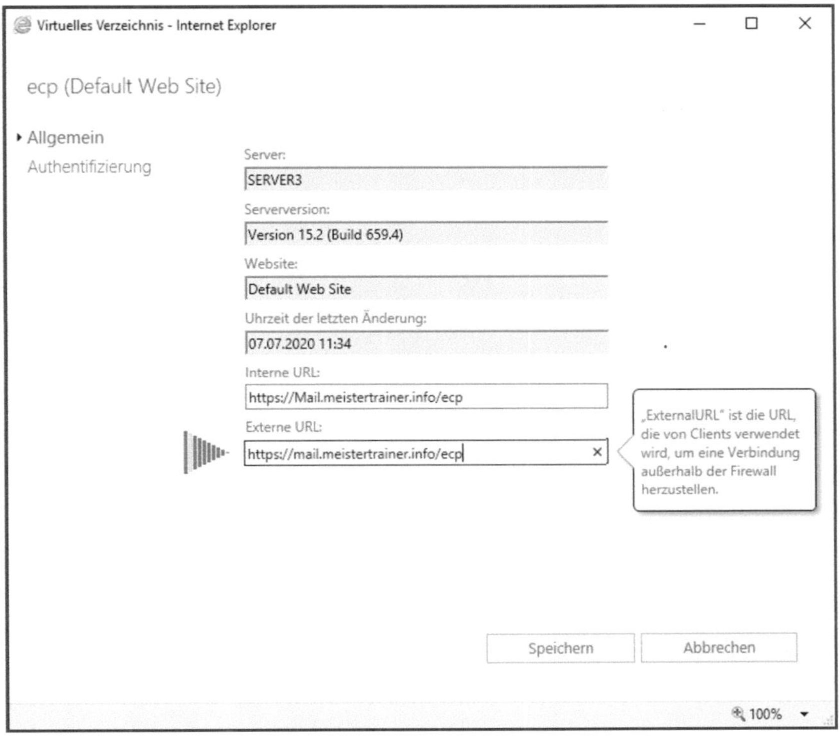


*Abbildung 4.6: Externe URL*

Die gleichen Schritte nehmen wir auch für

- EWS
- MAPI
- ActiveSync
- OAB
- Und OWA vor.

Bei Autodiscover haben wir hier keine Konfigurationsmöglichkeit, diese Konfiguration nehmen wir später in der PowerShell vor, denn hier muss die URL

*Autodiscover.meistertrainer.info*

lauten.

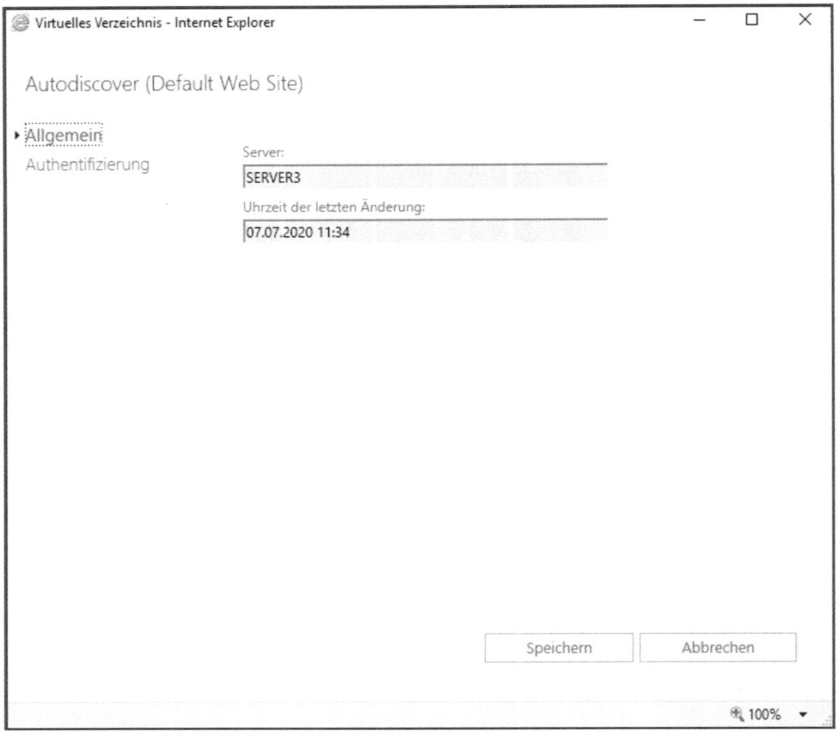


*Abbildung 4.7: Autodiscover*

Eine weitere Ausnahme ist der Eintrag PowerShell.

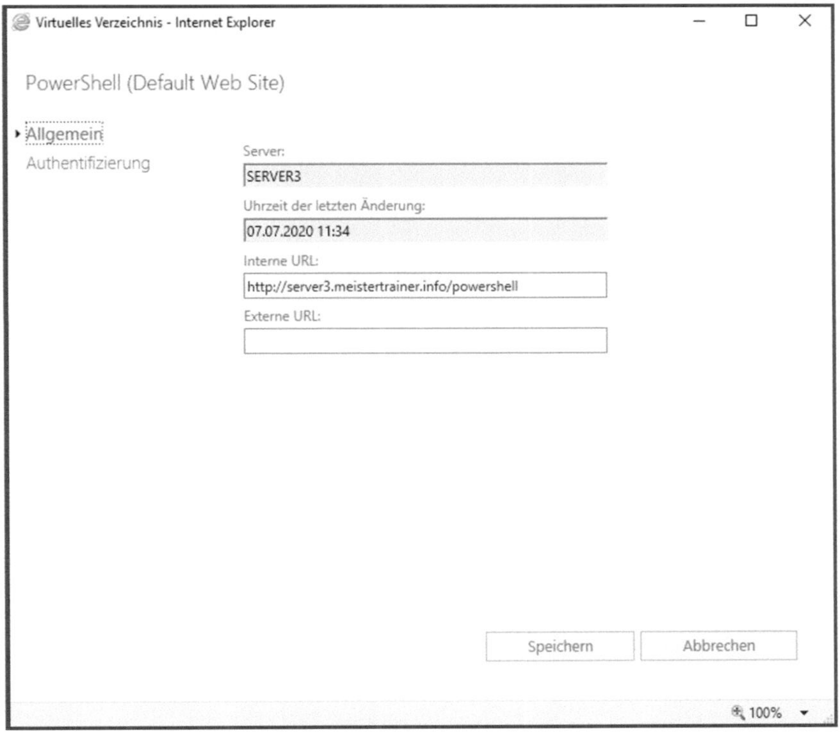


*Abbildung 4.8: PowerShell*

Hier müssen Sie nichts verändern, da die Zertifikate hier nicht benutzt werden.

Haben wir noch etwas vergessen?

Ja, Outlook Anywhere!
Diese Funktion wird an einer anderen Stelle konfiguriert.

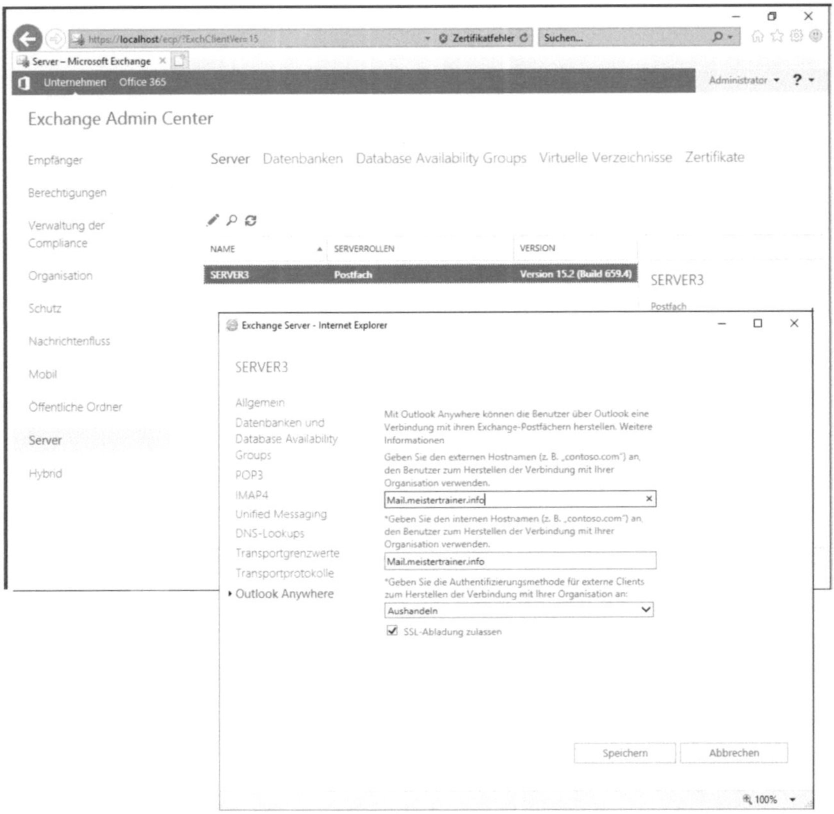


*Abbildung 4.9: Outlook Anywhere*

Ich wechsle zu

- Server
- Server

Und wähle den entsprechenden Exchange Server aus.

Hier wechsle ich zu „Outlook Anywhere" und ändere die internen und externen URLs.

Nun fehlt nur noch der Eintrag für Autodiscover.

Dieser sollte

*Autodiscover.meistertrainer.info*

lauten, da alle andere Namen unter Umständen Fehlermeldungen bei den Outlook Clients hervorrufen können.

Diese richtige Konfiguration ist so wichtig, da alle zuvor geänderten URL über den Dienst Autodiscover in der xml-Datei hinterlegt werden, die dann von den Clients abgerufen werden kann.

Der Eintrag „Autodiscover" kann nur über die Exchange PowerShell verändert werden.

Zunächst betrachten wir, wie der momentane Eintrag lautet mit dem Cmdlet:

```
Get-ClientAccessService Server3 | fl
AutoDiscoverServiceinternalUri
```

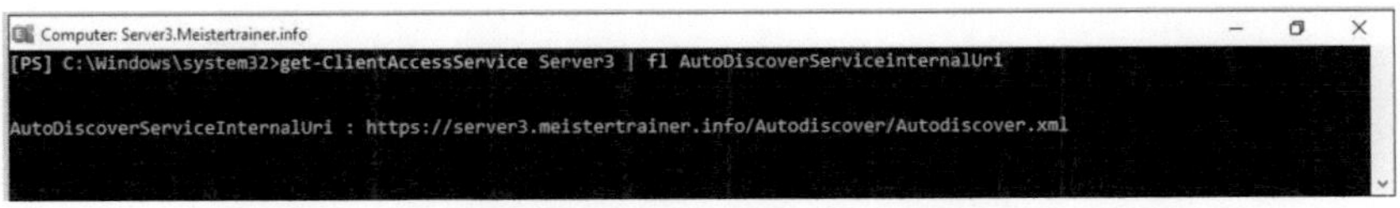


*Abbildung 4.10: Get-ClientAccessService*

Wir sehen, dass auch hier die interne URL auf den Namen „Server3.Meistertrainer.info" lautet.

Dies ändern wir nun mit folgendem Cmdlet:

```
Set-ClientAccessService Server3 -
AutoDiscoverServiceInternalUri
https://autodiscover.Meistertrainer.
info/Autodiscover/Autodiscover.xml
```

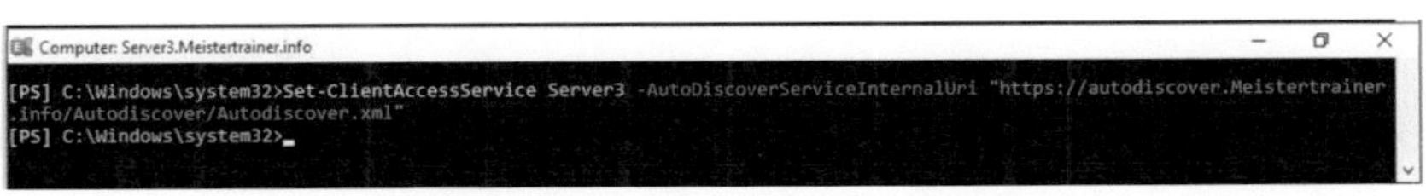


*Abbildung 4.11: Set-ClientAccessService*

Natürlich können wir uns auch noch vergewissern, dass der Name richtig geändert wurde:

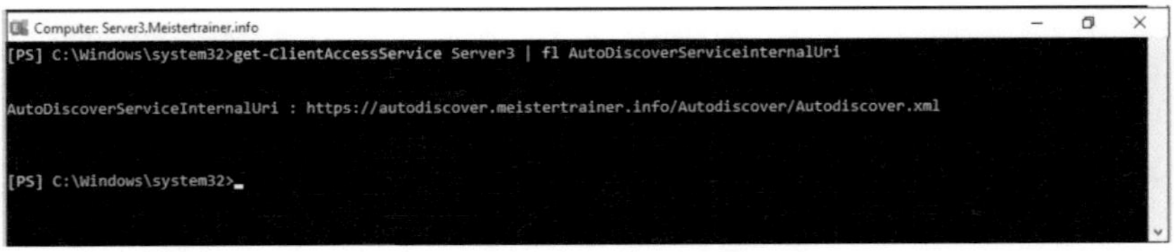


*Abbildung 4.12: Überprüfung*

Der letzte Schritt ist, den IIS neu zu starten, damit die Änderungen aktiv werden.

Dies nehme ich auch in der Exchange PowerShell Konsole vor mit dem Cmdlet

```
IISreset
```

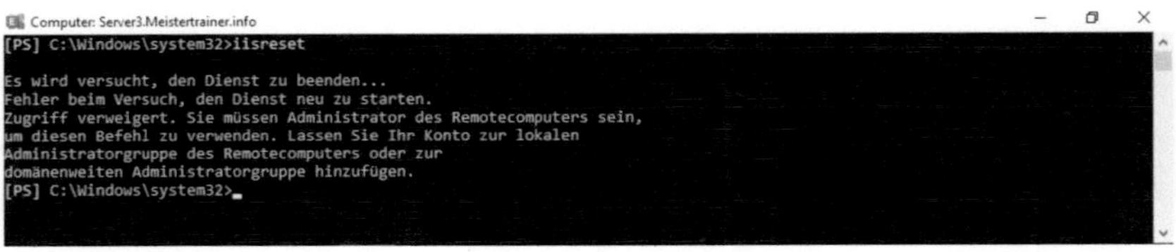


*Abbildung 4.13: IISReset*

Natürlich können alle Änderungen der URL der virtuellen Verzeichnisse mithilfe der Exchange PowerShell vorgenommen werden.

So, nun möchte ich einen Versuch starten, ob alles geklappt hat.

Ich versuche, vom Client aus auf das Exchange-Admin Center zuzugreifen.

Wenn ich alles richtig konfiguriert habe, müsste das Center unter der URL

https://Mail.meistertrainer.info/ecs

zu erreichen sein. Es darf auch kein Zertifikatsfehler mehr angezeigt werden.

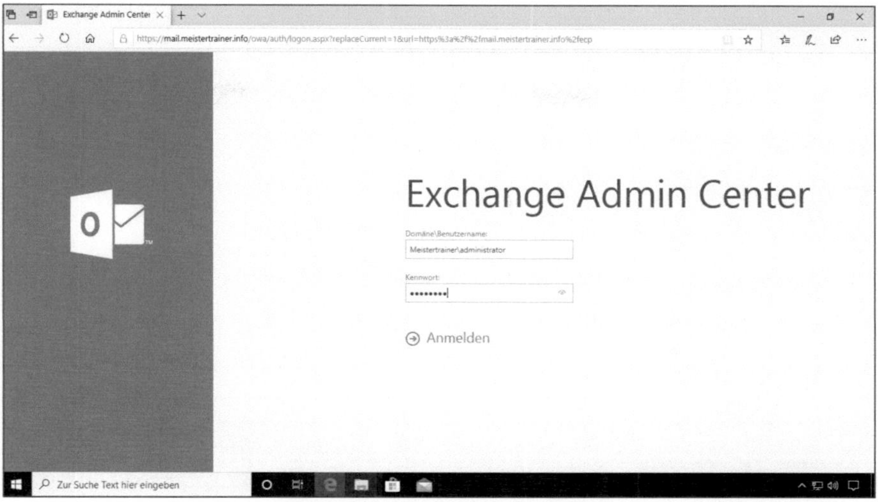


*Abbildung 4.14: Zugriff funktioniert*

Das scheint zu klappen, der Zugriff ist ohne Zertifikatsfehler möglich!

Diese Konfiguration nehmen Sie natürlich auch für den zweiten Exchange Server vor, Sie können alle Einstellungen in der grafischen Oberfläche oder der PowerShell vornehmen.

Lediglich den Neustart des IIS nehmen Sie an der Befehlszeile des Core-Servers vor.

Die PowerShell Cmdlets hierfür lauten:

```
Get-OwaVirtualDirectory -Server
<NameDesServers> | Set-
OwaVirtualDirectory -internalurl
"https://Mail.Meistertrainer.info/owa"
-externalurl
"https://Mail.Meistertrainer.info/owa"
```

```
Get-EcpVirtualDirectory -server
<NameDesServers> | Set-
EcpVirtualDirectory -internalurl
```

```
"https://Mail.Meistertrainer.info/ecp"
-externalurl
"https://Mail.Meistertrainer.info/ecp"
```

```
Get-WebServicesVirtualDirectory -server
<NameDesServers> | Set-
WebServicesVirtualDirectory -
internalurl
"https://Mail.Meistertrainer.info/EWS/S
erver3.asmx" -externalurl
"https://Mail.Meistertrainer.info/EWS/S
erver3.asmx"
```

```
Get-ActiveSyncVirtualDirectory -Server
<NameDesServers> | Set-
ActiveSyncVirtualDirectory -internalurl
"https://Mail.Meistertrainer.info/Micro
soft-Server-ActiveSync"  -externalurl
"https://Mail.Meistertrainer.info/Micro
soft-Server-ActiveSync"
```

```
Get-OabVirtualDirectory -Server
<NameDesServers> | Set-
OabVirtualDirectory -internalurl
"https://Mail.Meistertrainer.info/OAB"
-externalurl
"https://Mail.Meistertrainer.info/OAB"
```

```
Get-MapiVirtualDirectory -Server
<NameDesServers>  | Set-
MapiVirtualDirectory -externalurl
"https://Mail.Meistertrainer.info/mapi"
-internalurl
"https://Mail.Meistertrainer.info/mapi"
```

```
Get-OutlookAnywhere -Server
<NameDesServers> | Set-OutlookAnywhere
-externalhostname
Mail.Meistertrainer.info -
internalhostname
Mail.Meistertrainer.info -
ExternalClientsRequireSsl:$true -
InternalClientsRequireSsl:$true -
ExternalClientAuthenticationMethod
'Negotiate'
```

## 4.2 Datenbank konfigurieren

In der Standardinstallation befinden sich alle Datenbanken und Log-Dateien auf dem Laufwerk C:\.

Das ist nicht die optimale Konfiguration, Sie sollten auf jeden Fall die Datenbanken auf eine eigene Datendisk verschieben.

Betrachten wir zunächst, wie die genaue Konfiguration nach der Installation ist.

Dazu benutzen Sie die Exchange Server PowerShell.

```
Get-MailboxDatabase -Server
<NameDesServers> | fl
name,server,EdbFilePath,LogFolderPath
```

Hierbei ist der Parameter „EdbFilePath“ für den Speicherort der Datenbank, der Parameter „LogFolderPath“ für den Speicherort der Log-Dateien.

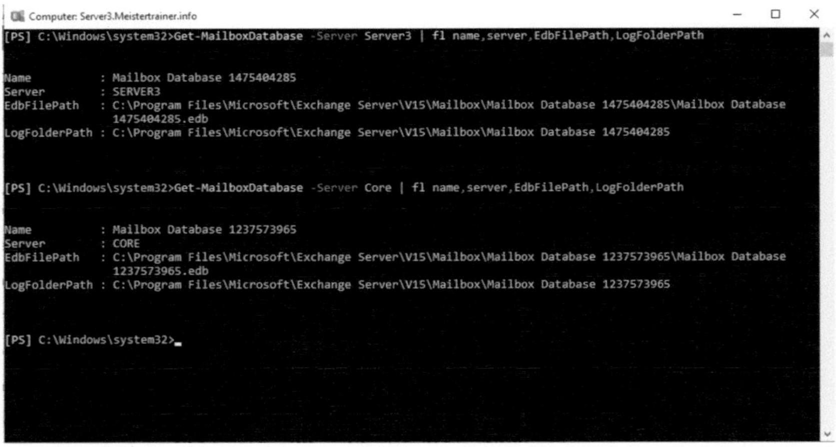


*Abbildung 4.15: Get-MailboxDatabase*

Sie erkennen, dass alle Informationen auf der Festplatte C:\ liegen.

Außerdem sind die Namen der Datenbanken ungünstig, sie sollten einen kurzen Namen haben, den man sich jederzeit merken kann.

Im Standard tragen die Datenbanken einen Namen nach dem Schema „Mailbox Database“ in Kombination mit einer 10-stelligen Nummer.

Die Datenbanken sollten beispielsweise umbenannt werden in

- DB01 für die Datenbank auf Server3
- DB02 für die Datenbank auf dem Core Server

Und beide Datenbanken und die Log-Dateien sollten auf der zusätzlichen Festplatte in einen Ordner mit Namen „Data“ verschoben werden.

Eine gute Lösung ist es, auf den Servern eine zweite Festplatte hinzuzufügen.

In unserem Beispiel ist das geschehen und es ist ein Ordner mit Namen „Data“ erstellt worden.

Sie beginnen mit Server3, der eine grafische Verwaltungsoberfläche besitzt.

Hier starten Sie die Exchange PowerShell und geben folgendes Cmdlet ein:

```
Get-MailboxDatabase -Server Server3 |
Set-MailboxDatabase -Name DB01
```

Damit wird der Anzeigenamen der Datenbank geändert, noch nicht der Name der Datenbankdatei!

Die können Sie kontrollieren, indem Sie erneut eingeben:

```
Get-MailboxDatabase -Server Server3 | fl
name,server,EdbFilePath,LogFolderPath
```

*Abbildung 4.16: Kontrolle*

Sie sehen, dass der Anzeigename geändert wurde, nicht aber der Name der Datenbankdatei.

Im nächsten Schritt werden die Datenbank und Logdateien verschoben mit dem Cmdlet:

```
Move-DatabasePath DB01 -EdbFilePath
E:\Data\DB01\DB01.edb -LogFolderPath
E:\Data\DB01\Log
```

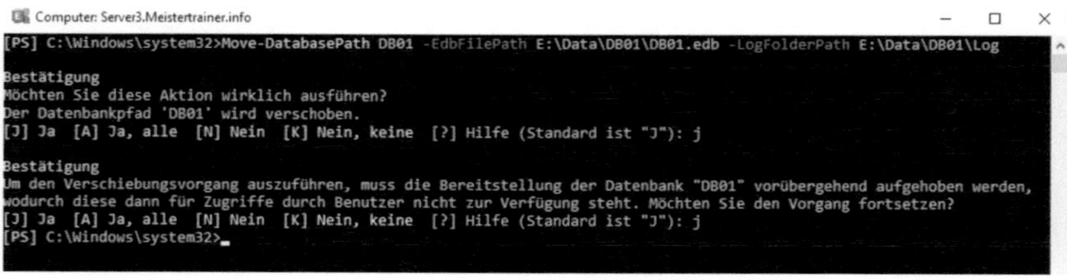


*Abbildung 4.17: Datenbank verschieben*

Dieser Kombibefehl benennt die Datenbankdatei um, verschiebt sie an die neue Stelle und verschiebt auch die Log-Dateien.

Auf die gleiche Art nehmen Sie nun die Konfiguration auf dem Core Server vor.

Die Exchange PowerShell Konsole kann ich auch hier öffnen, mit dem Befehl:

```
LaunchEMS
```

Danach ist die Konfiguration identisch, lediglich die entsprechenden Namen werden angepasst.

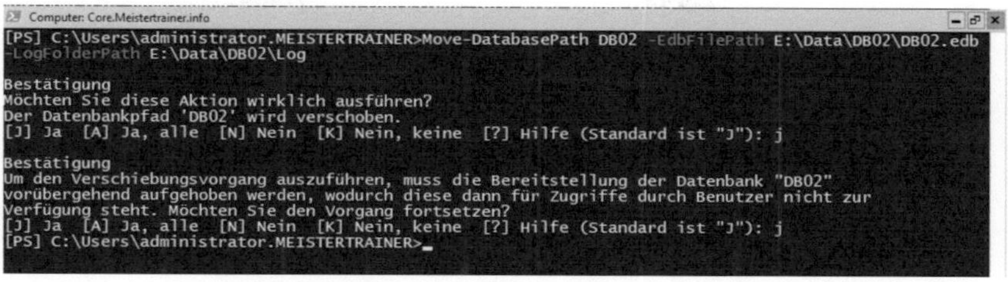


*Abbildung 4.18: PowerShell auf dem Core Server*

## 4.3 Einrichten der Database Availability Group

Momentan haben wir zwei Exchange Server, die beide mit den gleichen URL angesprochen werden.

Wir haben deswegen auch zwei Datenbanken, die wir eben an andere Speicherplätze verschoben haben.

Was aber passiert, wenn eine Datenbank ausfällt?

Dies kann durch Hardwaredefekte oder ähnliches geschehen, und die Auswirkungen können nur durch eine Redundanz der Datenbanken vermieden werden.

Exchange Server bietet dafür eine sehr gute Lösung, nämlich das Erstellen einer Database Availability Group (DAG).

In diese Gruppe können Postfachserver hinzugefügt und deren Datenbanken auf andere Server repliziert werden.

Durch diese Konfiguration kann bei einem Ausfall einer Datenbank sofort auf eine Kopie der Datenbank zugegriffen werden, dies geschieht durch einen automatischen Failover.

Jeder Server in einer DAG kann eine Kopie einer Datenbank von jedem anderen Server in der DAG speichern.

***Betrachten wir das Prinzip.***

Der Ausgangspunkt sind die beiden Server, auf denen die jeweiligen Datenbanken gespeichert sind.

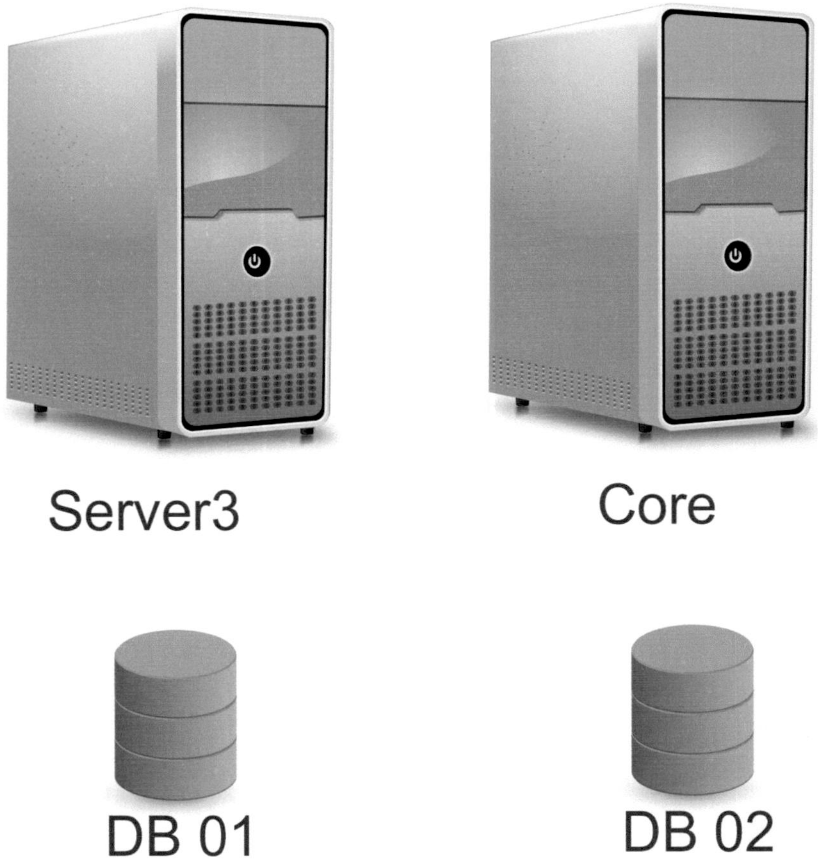


*Abbildung 4.19: Server und Datenbanken*

Diese fügen wir nun zu einer DAG zusammen und aktivieren die Speicherung der jeweils anderen Datenbank auf den beiden Servern.

*Abbildung 4.20: Zusammenfassung zur DAG*

Sollte nun die Datenbank von „Server3“ ausfallen, kann er direkt auf die Kopie der Datenbank zugreifen, die auf dem Server „Core“ gehostet ist.

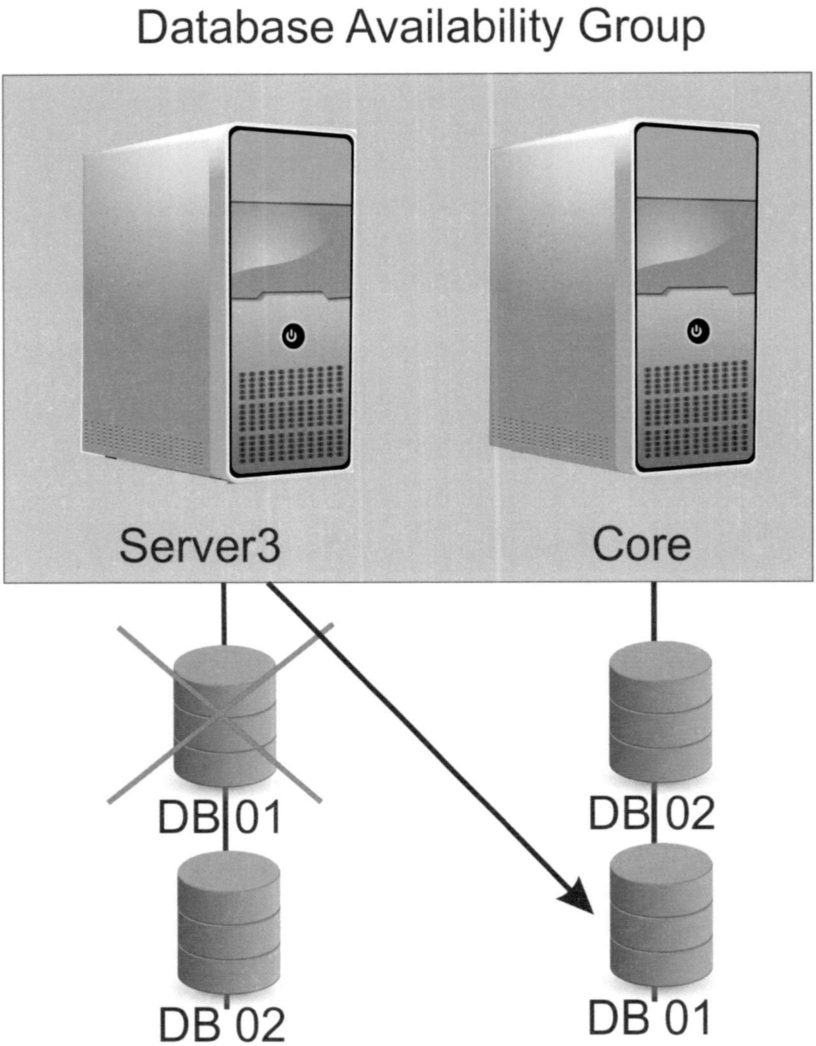


*Abbildung 4.21: Ausfall und Übernahme*

### 4.3.1 Failover-Cluster

Hierfür wird eine Funktion des unterliegenden Betriebssystems verwendet, nämlich der „Failover-Cluster".

Windows Server 2019 bietet diese Funktionen bereits in der Standard-Version an, allerdings mit der Einschränkung von maximal fünf Datenbanken pro Server.

#### Quorum

Wie bei jedem Failover-Cluster wird auch bei der Erstellung einer DAG ein „Quorum" benötigt.

Das Quorum ist ein Speichermedium, auf der die Informationen über den Cluster gespeichert werden, und außerdem wird hier eine Kopie der Datenbank des Serverclusters gespeichert.

Das Quorum ist von extremer Bedeutung für die Notfallwiederherstellung eines Serverclusters. Hier wird das sogenannte „Zeugenverzeichnis" erstellt.

Dies dient dafür, um im Fehlerfall festzustellen, welcher Server ausgefallen ist.

Sie sollten hierfür aus Sicherheitsgründen keinen Domänencontroller wählen.

Wir verwenden für das Zeugenverzeichnis einen weiteren Mitgliedserver der Domäne, Server2.

Auf ihm müssen zwei Konfigurationsschritte vorgenommen werden, damit die Funktion DAG ihn später als Zeugenserver benutzen wird.

Zunächst installieren Sie die Serverrolle „Dateiserver".

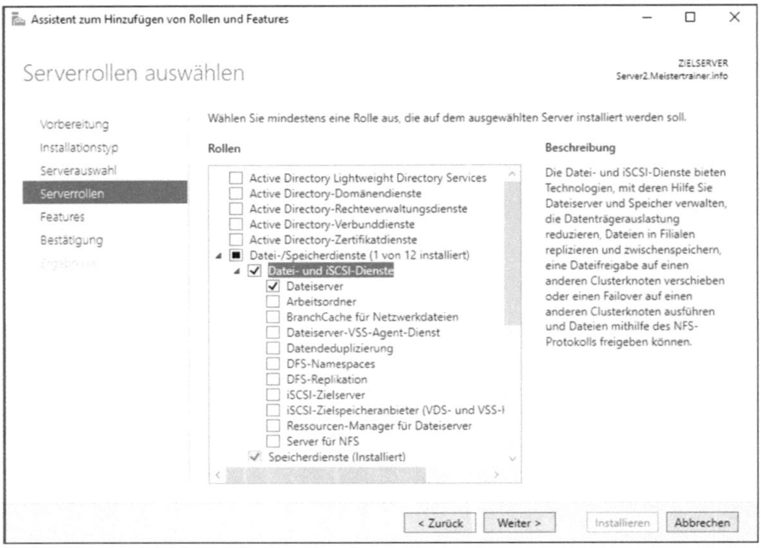


*Abbildung 4.22: Dateiserver installieren*

Danach fügen Sie zur lokalen Gruppe der Administratoren die Domänengruppe „Exchange Trusted Subsystems" hinzu.

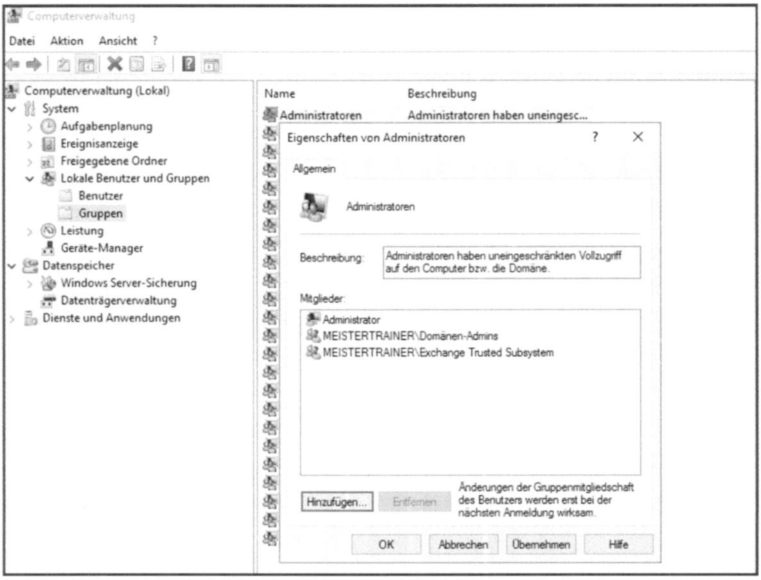


*Abbildung 4.23: Gruppen*

Hier wird auch klar, warum dies kein Domänencontroller sein sollte, denn damit würde die Gruppe „Exchange Trusted Subsystems“ nicht nur administrative Rechte auf dem einzelnen Server erhalten, sondern domänenadministrative Rechte.

Nun geht es auch schon zur Konfiguration der DAG.

Dafür öffnen Sie das Exchange Admin Center.

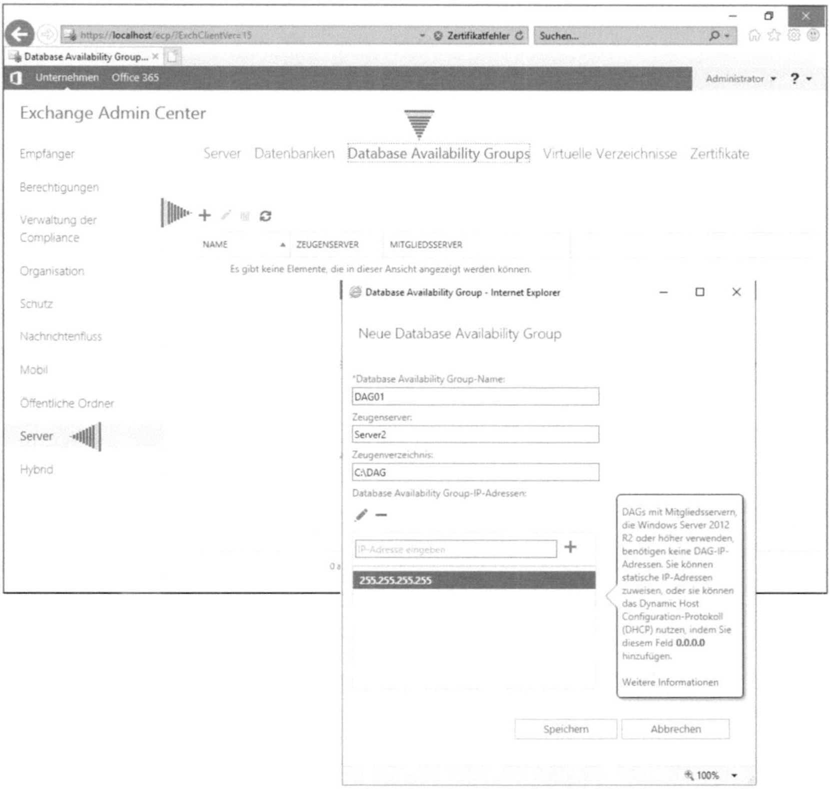


*Abbildung 4.24: DAG einrichten*

Sie wechseln auf

- Server
- Database Availability Groups

und klicken auf das kleine +-Zeichen, um eine neue Gruppe zu erstellen.

Hier geben Sie nun der neuen Gruppe einen Namen, benennen den Zeugenserver, in unserem Beispiel Server2 und geben ein freigegebenes Verzeichnis an, in dem später die Informationen gespeichert werden können.

Im Feld „IP-Adresse angeben“ tragen Sie die 255.255.255.255 ein.

Mit dieser Broadcastadresse wird keine eigene IP-Adresse für die Gruppe eingerichtet, was auch die Empfehlung von Microsoft ist.

Diese Konfiguration speichern Sie.

Der nächste Schritt ist, der Gruppe die Mitgliedserver hinzuzufügen.

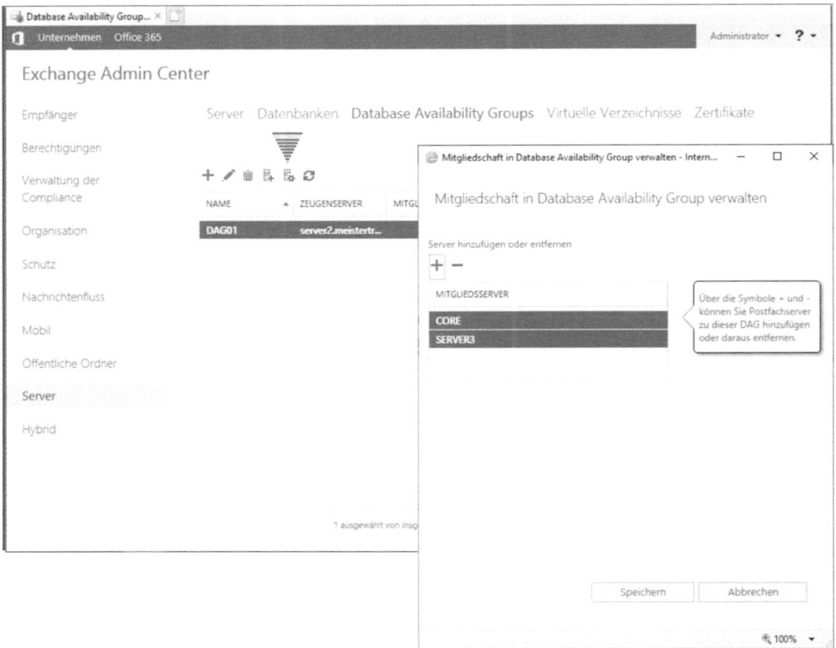


*Abbildung 4.25: Mitgliedschaft verwalten*

Dafür klicken Sie auf das kleine Symbol „DAG Mitgliedschaft verwalten“.

Sie fügen beide Server hinzu.

Nun beginnt die Einrichtung.

Leider kommt es fast immer zu folgender Fehlermeldung:

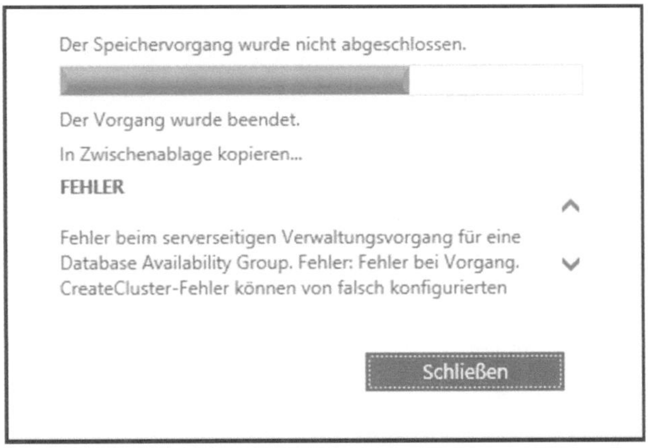


*Abbildung 4.26: Fehlermeldung*

Dieses Problem ist zum Glück kein großes. Es deutet lediglich darauf hin, dass das Serverfeature „Failover-Cluster“ installiert worden ist. Dies geschieht automatisch, wenn Server zu einer DAG hinzugefügt werden.

Leider benötigt dieses Feature einen Neustart des Servers, und führt diesen nicht eigenständig durch.

Also starten Sie beide Server neu.

Danach lassen sich die beiden Server problemlos zur Gruppe hinzufügen.

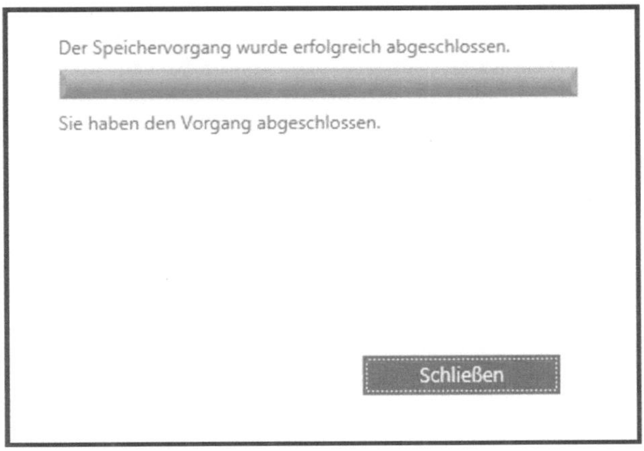


*Abbildung 4.27: Speicherung war erfolgreich*

Nun fehlt nur noch der Schritt, die Datenbankkopien zu definieren.

In unserem Fall ist es einfach, jeder Server hostet seine eigene Datenbank und eine Kopie der anderen.

Diese Konfiguration nehmen Sie ebenfalls im Exchange Admin-Center vor. Dafür wechseln Sie zu

- Server
- Datenbanken.

Hier wählen Sie die Datenbank aus, die Sie kopieren möchten und klicken auf die drei kleinen Punkte oberhalb.

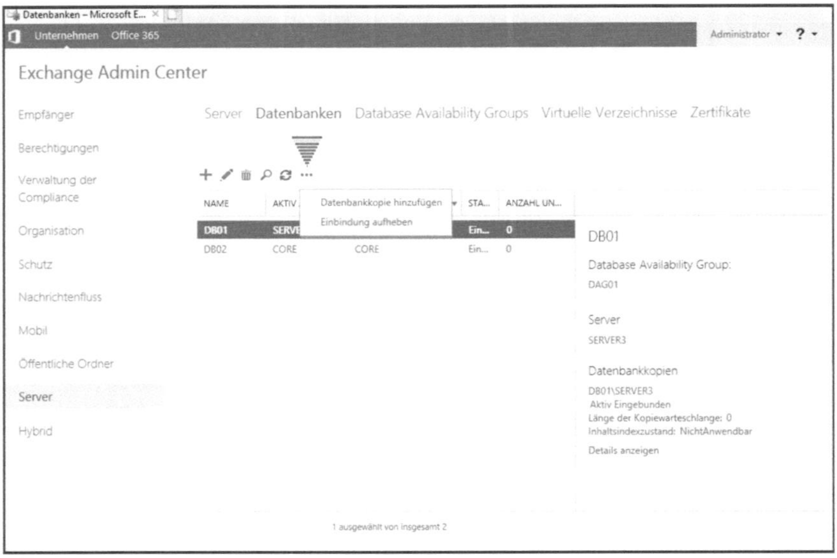


*Abbildung 4.28: Definition Datenbankkopien*

Nun wählen Sie „Datenbankkopie hinzufügen“.

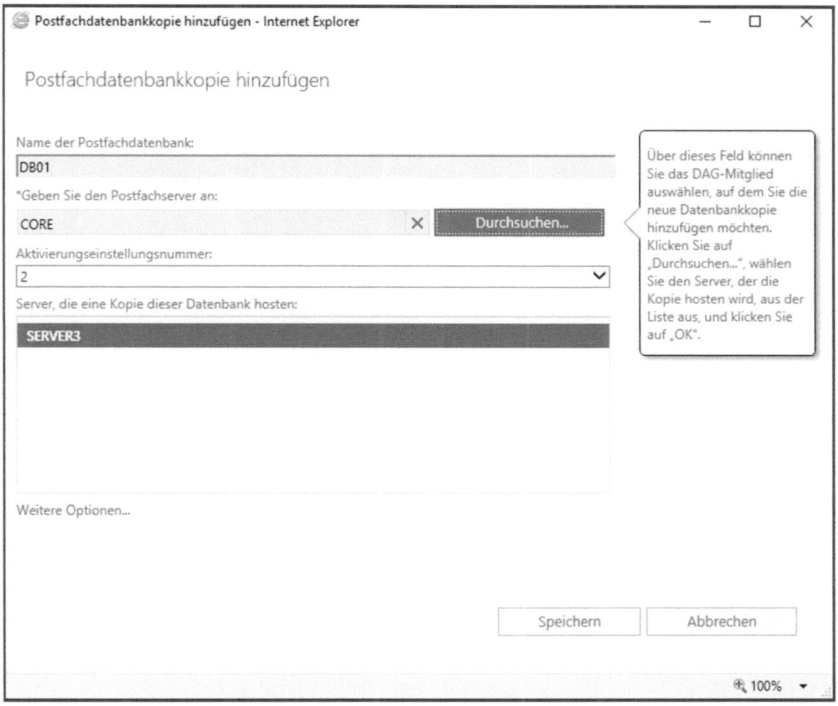


*Abbildung 4.29: Datenbankkopie hinzufügen*

Sie wählen den Server aus, der die Kopie der Datenbank halten soll und klicken auf „Speichern".

Die Datenbankkopie wird erstellt. Auch die Logfiles werden kopiert.

Dies können Sie auch im Admin-Center erkennen.

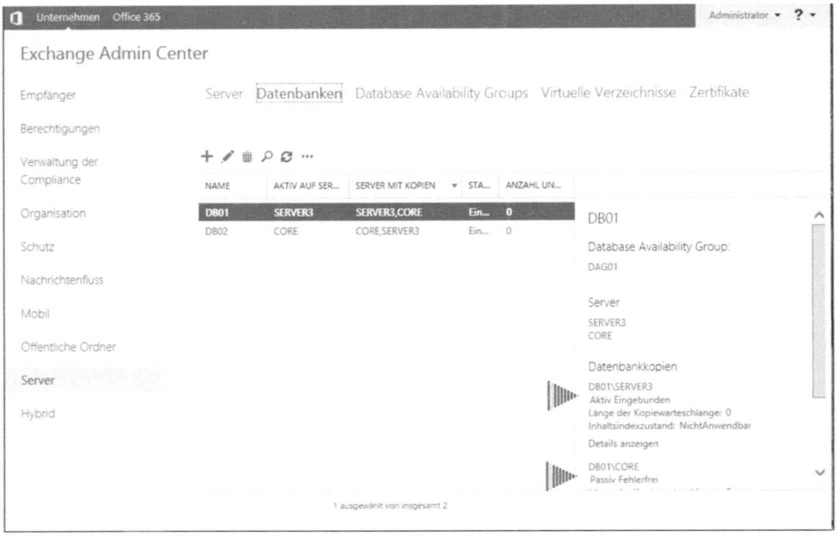


*Abbildung 4.30: Aktive und passive Datenbanken*

Sie sehen, dass es eine aktive und eine passive Datenbankdatei gibt.

Die passive wird benutzt, wenn die aktive Datei ausfällt.

## 4.4 Loadbalancing

Durch die Database Availability Group konnten wir die Datenbanken sehr einfach hochverfügbar zur Verfügung stellen.

Was aber noch zu lösen ist, ist das Problem der Lastverteilung, um den Client-Zugriff ebenfalls hochverfügbar zu machen.

Da es um die Verteilung des Zugriffs geht, ist hier Network Load Balancing die beste Lösung. Hierbei werden mehrere Windows Server zu einem „Verbund" zusammengeschlossen, dann können alle Ressourcen gemeinsam genutzt werden.

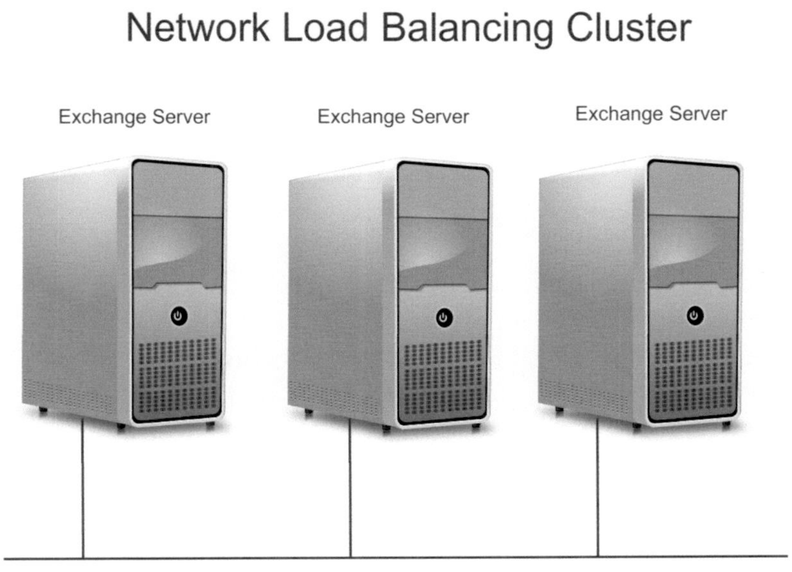


*Abbildung 4.31: NLB*

Die Anwendung, für die Hochverfügbarkeit erreicht werden soll, wird auf jedem Server ausgeführt, in diesem Fall der Exchange Server.

Eingehende Anfragen werden durch den Netzwerklastenausgleich auf alle Server des NLB-Knotens verteilt.

Für jeden Server kann die maximale Last manuell konfiguriert werden.

Ein großer Vorteil von NLB ist es, dass jederzeit zusätzliche Hosts zum NLB-Cluster hinzugefügt werden können. Auch ist es möglich, alle Anforderungen zu einem bestimmten Rechner im NLB-Cluster zu leiten. Dieser Host wird „Standardhost“ genannt.

All dies ist eine ideale Lösung, und zum Glück stellt Microsoft diese Funktion auf den Servern zur Verfügung, also können wir doch das integrierte NLB von Microsoft verwenden, oder?

Leider ist das nicht möglich, wenn Sie bereits „Database Availability Group“ eingerichtet haben, denn diese Funktion basiert bekanntlich auf dem Server-Cluster-Feature.

Auf einem Microsoft Server ist es nicht möglich, sowohl den Server-Cluster als auch NLB einzurichten, deswegen entfällt diese elegante Lösung leider.

Dadurch müssen Sie auf eine externe Lösung für den Lastausgleich zurückgreifen, davon gibt es einige, aus denen Sie auswählen können.

In kleinen Umgebungen kann man das Problem auch mithilfe von „Roundrobin“ lösen.

Roundrobin ist eine einfache Lastverteilung, bei der ein Eintrag im DNS-Server mehrere IP-Adressen hat.

Die Lastverteilung findet zufällig statt, je nachdem, welchen Eintrag die Clients wählen.

# 4.5 Nachrichtenfluss einrichten

Nun können wir endlich die Grundzüge des Nachrichtenflusses einrichten.

Der erste Schritt hierfür ist, die Domänen zu definieren, für die der Exchange Server zuständig sein soll, also alle Domänen, die in Zukunft E-Mails empfangen und versenden sollen.

Das ist in unserem Fall nur die Domäne „Meistertrainer.info“.

Diese sollte bereits durch die Installation eingetragen sein.

Dies überprüfen wir im Exchange Admin Center unter

- Nachrichtenfluss
- Akzeptierte Domänen

*Abbildung 4.32: Akzeptierte Domänen*

Unsere gewünschte Domäne ist, wie erwartet, bereits eingetragen. Sollten Sie weitere Domänen hinzufügen wollen, ist dies hier problemlos möglich.

Ein sinnvoller nächster Schritt ist es, festzulegen, dass jeder Benutzer automatisch eine entsprechende E-Mail-Adresse erhält.

Diese Konfigurationen können Sie unter dem Menüpunkt „E-Mail-Adressrichtlinie“ vornehmen.

Es existiert bereits eine „Default Policy“, aber Sie können natürlich auch eine eigene Richtlinie hinzufügen.

Betrachten wir das Senden von E-Mails.

Direkt nach der Einrichtung ist es nicht möglich, dass der Exchange Server Mails an eine E-Mail-Adresse außerhalb der Domäne sendet.

Dafür muss zunächst ein Sendeconnector eingerichtet werden.

Über diesen Sendeconnector werden alle Nachrichten weitergeleitet, die an eine externe E-Mail-Adresse geschickt werden sollen.

Den Sendeconnector erstellen Sie unter

- Nachrichtenfluss
- Sendeconnectors

Sie klicken auf das + und geben einen Namen ein, zum Beispiel „Mails-ins-Internet“.

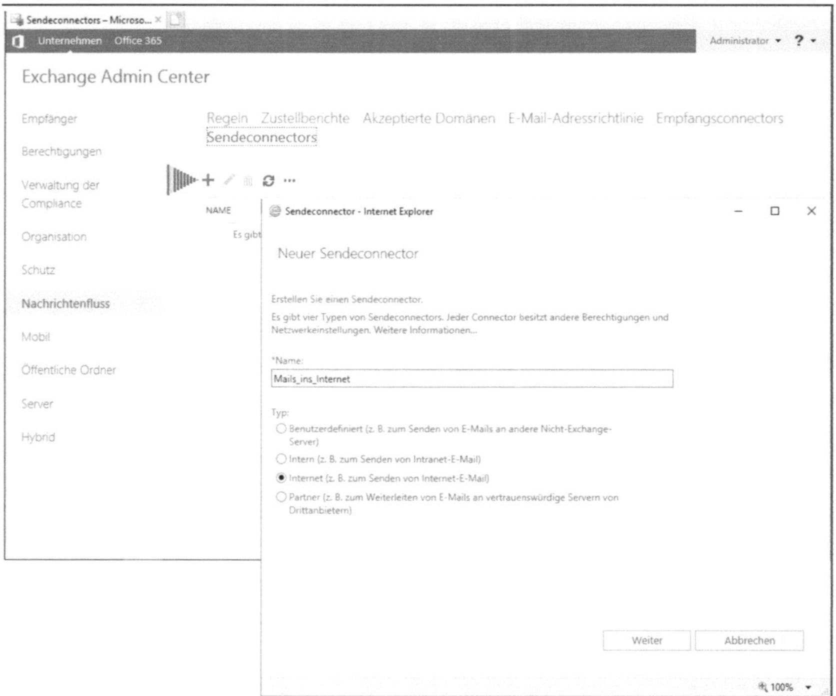


*Abbildung 4.33: Sendeconnector erstellen*

Die Auswahl des Typs hängt davon ab, auf welche Weise Sie die Mails weiterleiten möchten.

Sie können wählen zwischen

**Benutzerdefiniert**

Hier müssen Sie alle Einstellungen selber festlegen

**Intern**

Mit dieser Einstellung können Sie Mails nur innerhalb des Unternehmens verschicken

**Internet**

Hierbei sucht Exchange über den DNS-Server nach den entsprechenden Mailservern

**Partner**

Dies bedeutet die Weiterleitung an einen weiteren, zwischengeschalteten Server

In den meisten Fällen wird die Auswahl „Internet“ sein.

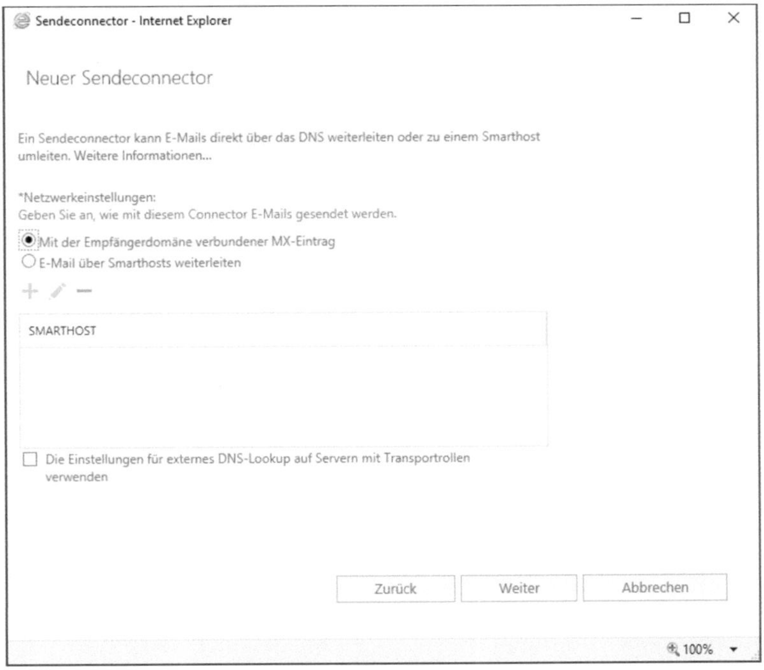


*Abbildung 4.34: MX-Eintrag*

Nun können Sie wählen, ob die Weiterleitung über einen MX-Eintrag oder über einen Smarthost vorgenommen werden soll.

Ein Smarthost wird beispielsweise immer genutzt, wenn eine Anwendung benutzt wird, die ausgehende Mails auf Spam oder Malware überprüft.

Im nächsten Schritt wird ein neuer Adressraum hinzugefügt.

Wir möchten den Versand der Mails nicht einschränken, sondern an alle Zieldomänen weiterleiten. Deswegen wählen wir als FQDN „*“.

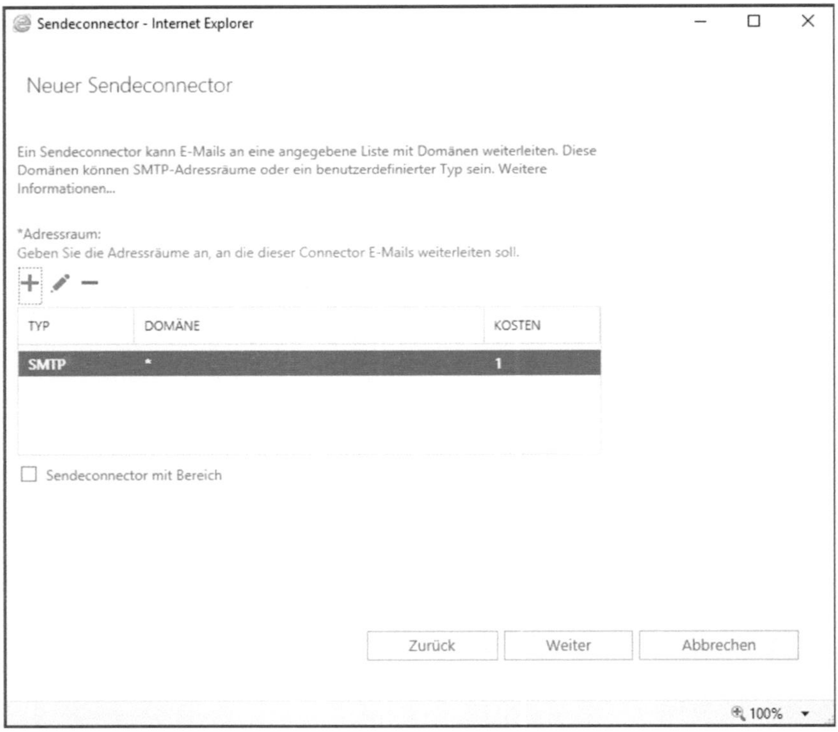


*Abbildung 4.35: Adressraum*

Damit ist der Sendeconnector angelegt.

Eine letzte Konfiguration müssen wir noch vornehmen, dazu öffnen Sie den eben erstellten Connector.

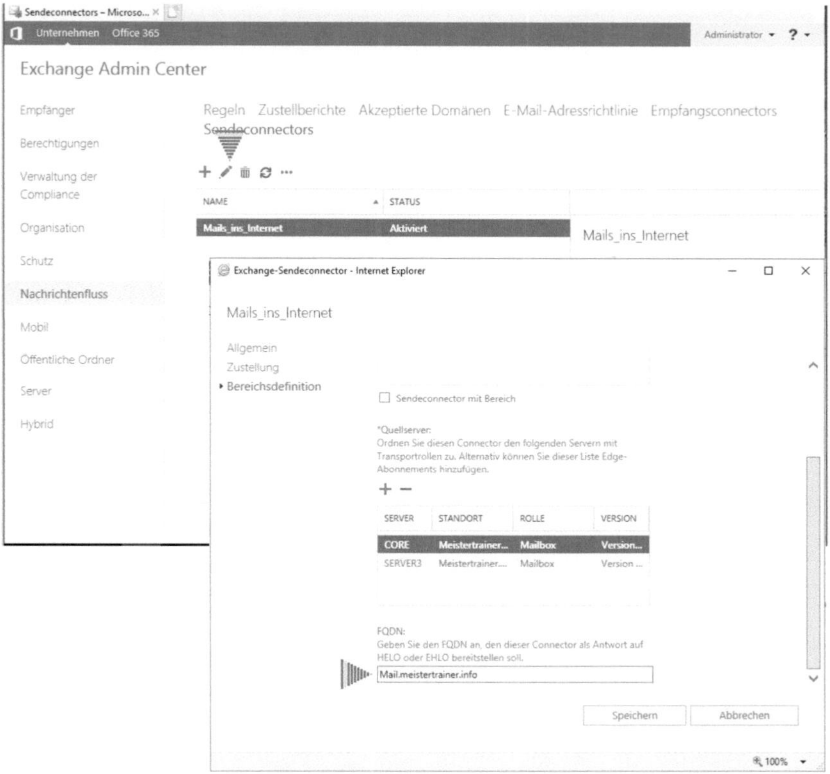


*Abbildung 4.36: FQDN definieren*

Auf der Seite „Bereichsdefinition“ scrollen Sie herunter bis zum FQDN. Sie geben hier „Mail.Meistertrainer.info“ ein.

Dieser Name erscheint dann als Nachricht im E-Mail-Header, um den sendenden Host zu identifizieren.

Damit können nun Mails nach draußen verschickt werden.

# 5 Benutzerobjekte

Das Kernstück eines Mailservers ist natürlich die Möglichkeit, E-Mails zu senden und zu empfangen

Dafür muss jeder Benutzer ein Postfach auf dem Exchange Server besitzen.

## 5.1 Benutzerpostfächer einrichten

Zwingende Voraussetzung für ein Postfach ist ein Konto im Active Directory.

Danach kann das Postfach sehr einfach eingerichtet werden, entweder im Exchange Admin Center oder mit der Exchange PowerShell.

Betrachten wir zunächst die Einrichtung im Admin Center.

Sie wechseln zu

- Empfänger
- Postfach

Wie Sie erkennen können, existiert das Postfach für das Konto des Administrators bereits.

Sie können sehr einfach ein neues Postfach anlegen, indem Sie auf + klicken und „Benutzerpostfach“ wählen.

Ein verknüpftes Postfach wäre ein Postfach, das auf einem Exchange-Server einer anderen Domäne bzw. einem anderen Forest liegt.

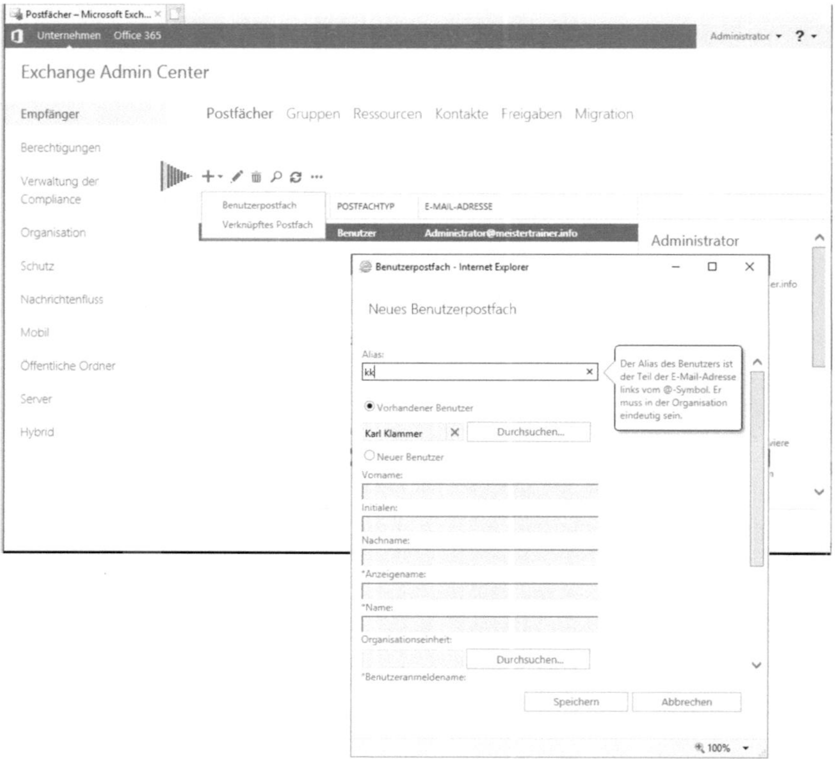


*Abbildung 5.1: Postfach anlegen*

Hier müssen Sie nur noch eingeben, für welchen vorhandenen Benutzer Sie das Postfach einrichten.

Danach ist es vorhanden.

Genauso einfach funktioniert das Einrichten mithilfe der Exchange PowerShell.

Zunächst kann ich überprüfen, ob es bereits ein Postfach für das gewünschte Konto gibt mit dem Cmdlet

```
Get-User -identity <Anmeldesuffix>
```

*Abbildung 5.2: Get-User*

Sie sehen, dass Berti Bott momentan nur „User“ ist.

Das Postfach legen Sie an mit dem Cmdlet

```
Enable-Mailbox -Identity <Anmeldename>
```

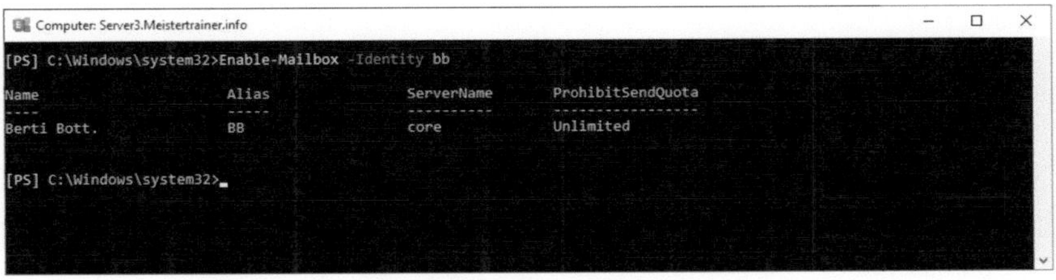


*Abbildung 5.3: Enable-Mailbox*

Wenn Sie danach erneut die „Get-User –Identity“-Abfrage vornehmen, erkennen Sie, dass das Postfach angelegt wurde, denn nun gibt es auch einen Eintrag „Mailbox“.

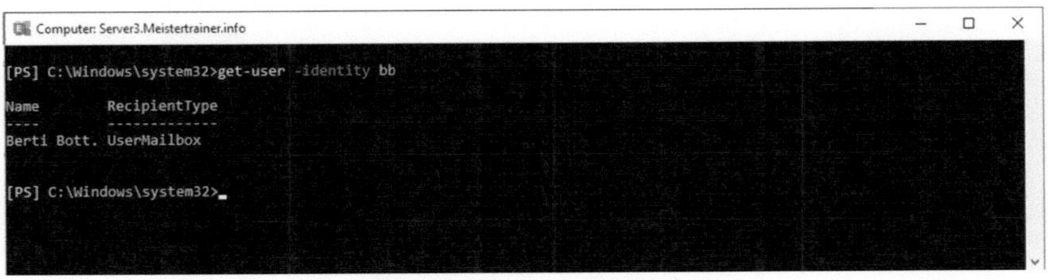


*Abbildung 5.4: Überprüfung*

Zur Überprüfung starten Sie auf einem Client „Outlook on the web“ (OWA) oder Outlook.

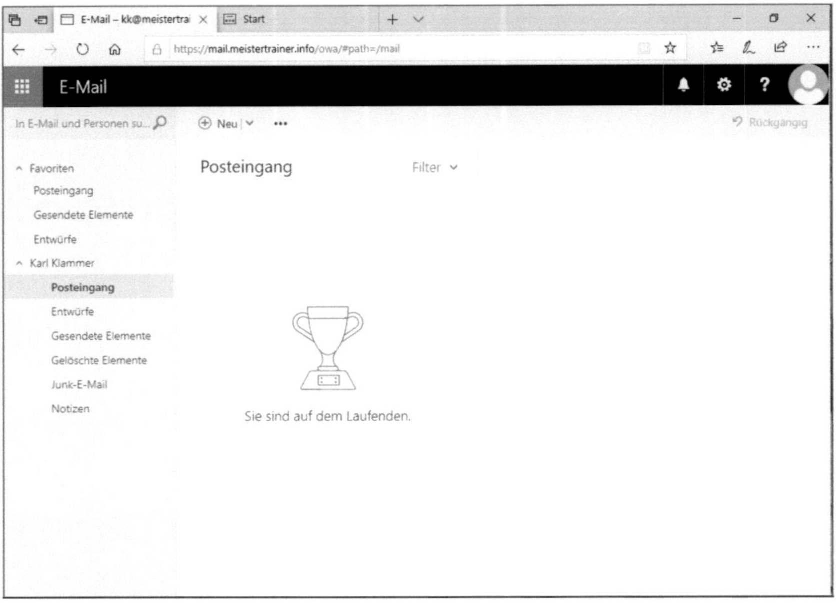


*Abbildung 5.5: Zugriff auf Postfach*

Der Zugriff auf das Postfach funktioniert.

## 5.2 Postfächer verwalten

Lassen Sie uns betrachten, welche Konfigurationsmöglichkeiten Sie in Bezug auf die Postfächer haben.

Dazu öffnen Sie ein beliebiges Postfach.

Sie sehen, dass hier einige Punkte zur Verfügung stehen, die Sie einstellen können.

Unter dem Punkt „Allgemein“ erkennen Sie die allgemeinen Einstellungen für den Benutzer dieses Kontos, wie Name und Benutzeranmeldename.

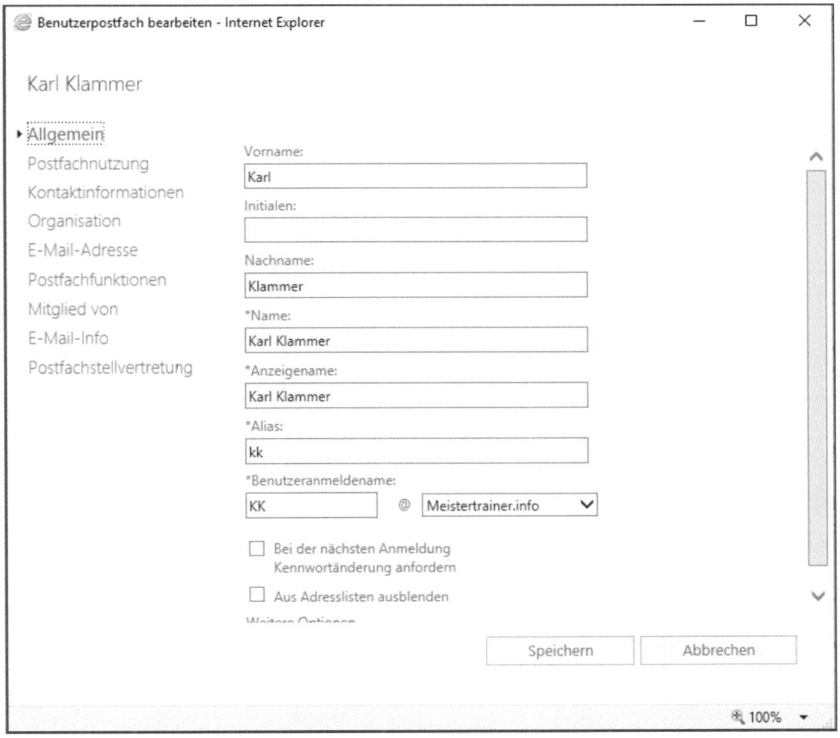


*Abbildung 5.6: Postfach - Allgemein*

Der Punkt „Postfachnutzung“ zeigt Ihnen an, wann der Benutzer zum letzten Mal sein Postfach abgerufen hat und wieviel Speicher belegt ist.

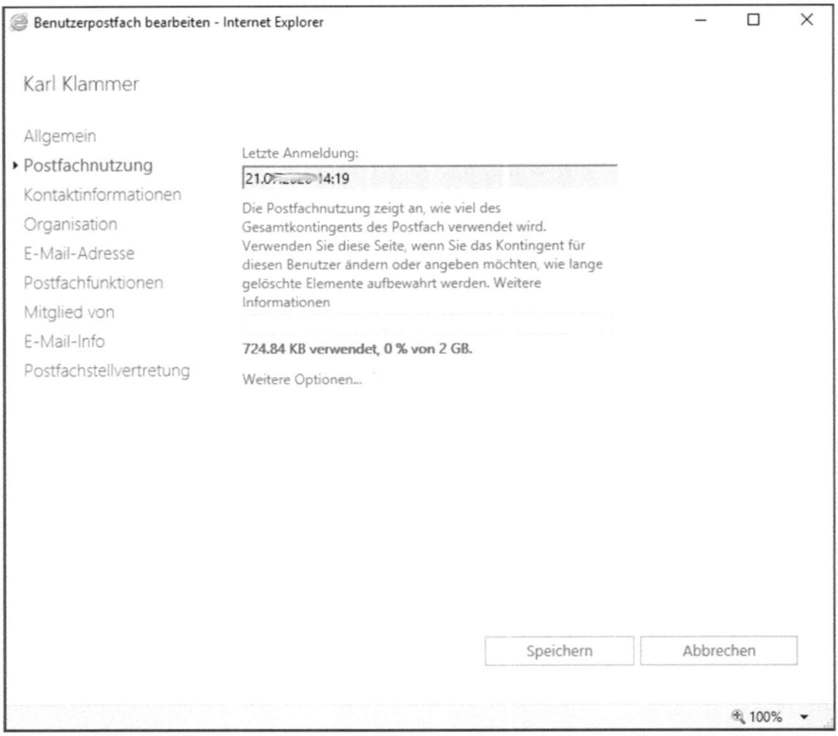


*Abbildung 5.7: Postfachnutzung*

Wenn Sie auf „Weitere Optionen" klicken, können Sie die Kontingente für diesen Benutzer anpassen.

Hierbei geht es darum, ab welcher Datenmenge im Postfach eine Warnung oder ein Eingriff erfolgt.

Sie können entweder die Datenbankeinstellungen benutzen, oder eigene Definitionen treffen.

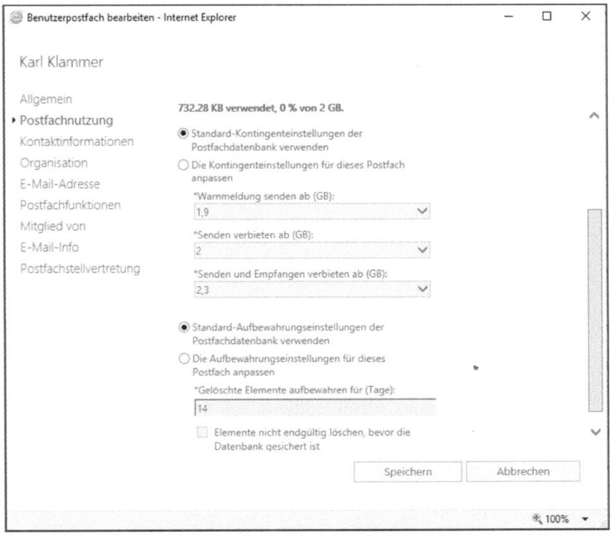


*Abbildung 5.8: Kontingente*

Nun kommen zwei Punkte, die direkt aus Active Directory übernommen werden, Kontaktinformationen und Organisation.

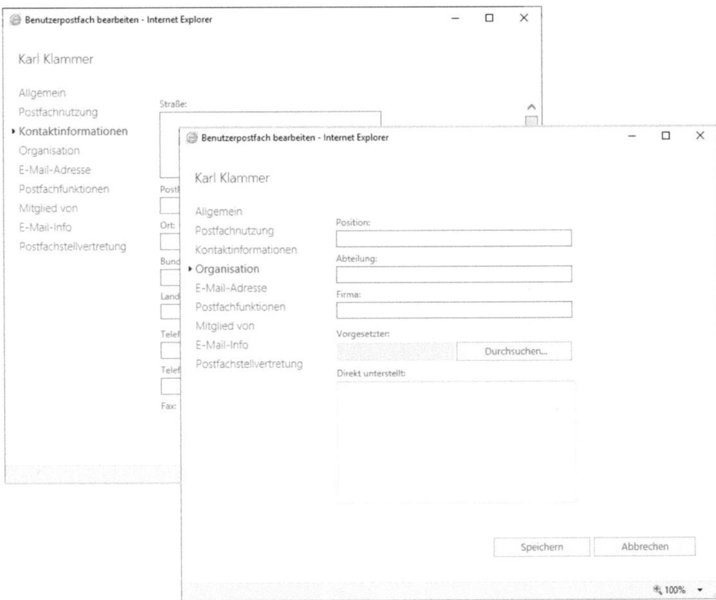


*Abbildung 5.9: Daten aus dem Active Directory*

Bei „E-Mail-Adresse“ ist zunächst die Standard-E-Mail-Adresse festgelegt. Sie können an dieser Stelle zusätzliche E-Mail-Adressen festlegen, unter denen der Benutzer erreicht werden kann.

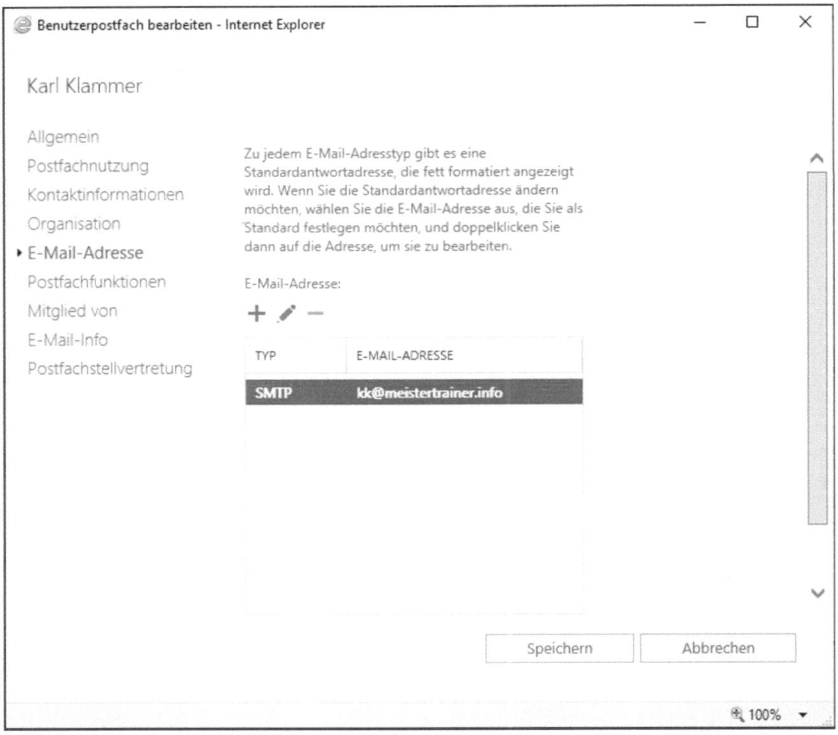


*Abbildung 5.10: E-Mail-Adresse*

Der Punkt „Postfachfunktion“ ist wichtig, denn hier können Sie Richtlinien definieren, wie das Postfach genutzt werden kann.

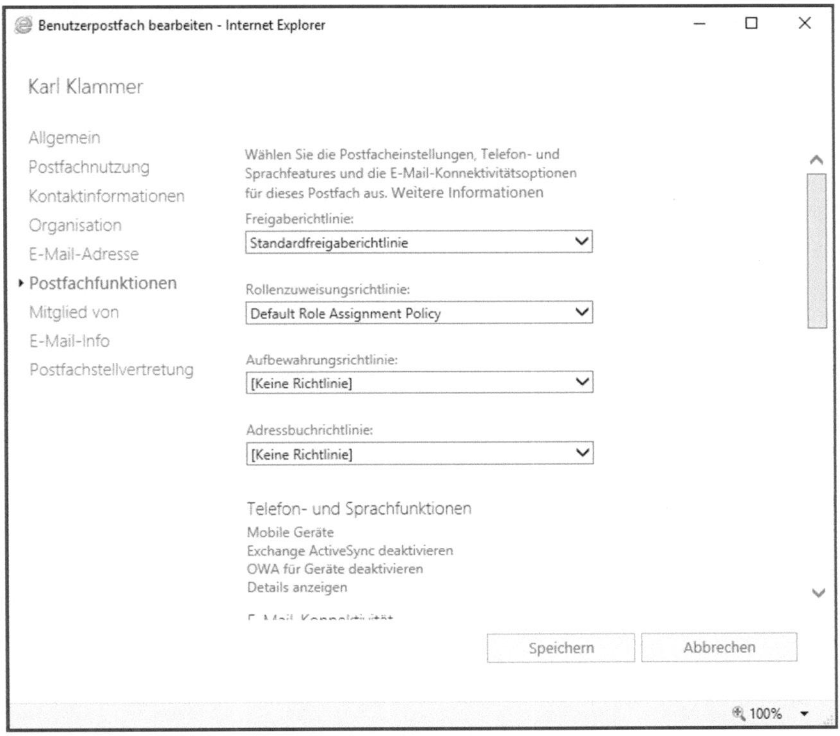


*Abbildung 5.11: Postfachfunktionen*

Mit den Richtlinien beschäftigen wir uns später noch genauer.

Außerdem können Sie im unteren Teil des Fensters Funktionen aktivieren beziehungsweise deaktivieren.

„Mitglied von“ legt eine eventuelle Gruppenmitgliedschaft in Verteilergruppen fest.

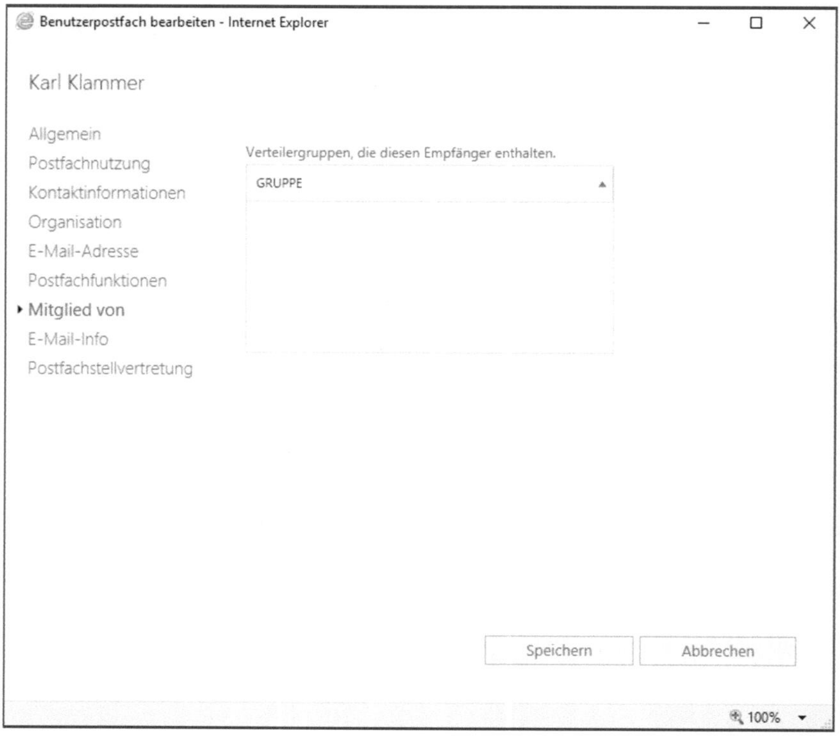


*Abbildung 5.12: Mitglied von*

Unter dem Punkt „E-Mail-info“ können Sie eine Mitteilung definieren, die gezeigt wird, wenn eine Mail an diesen Benutzer geschickt wird, beispielsweise eine Abwesenheitsnotiz.

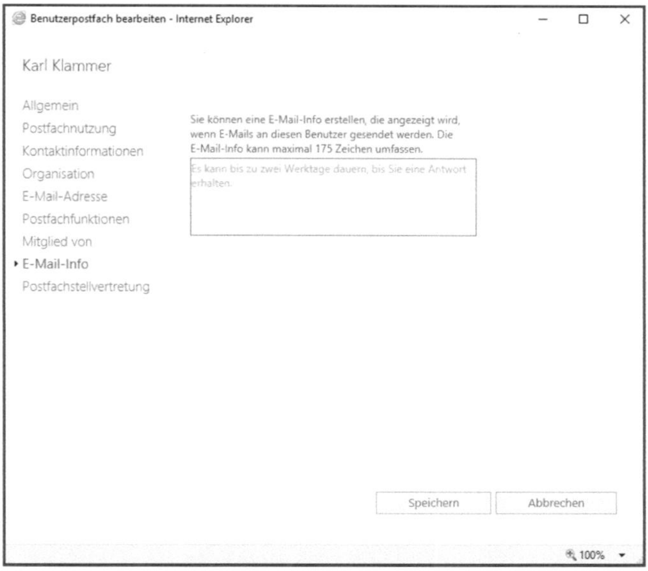


*Abbildung 5.13: E-Mail-info*

Zum Schluss gibt es noch die Möglichkeit, Stellvertreter für ein Postfach festzulegen.

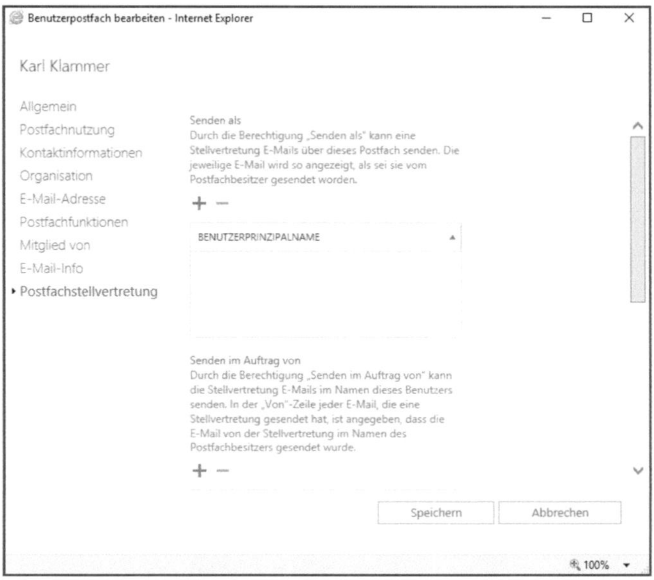


*Abbildung 5.14: Stellvertreter*

**„Senden als"** bedeutet, dass der gewählte Stellvertreter Nachrichten senden kann, und es nicht erkennbar ist, dass diese Nachricht nicht vom eigentlichen Benutzer kommt.

Allerdings kann in diesem Fall keine Mail vom Stellvertreter gelesen werden.

**„Senden im Auftrag von"** bedeutet, dass der gewählte Stellvertreter Nachrichten im Namen der Gruppe senden kann. Dies wird aber gekennzeichnet.

Auch in diesem Fall ist ein Lesen der Mails nicht möglich.

**„Vollzugriff"** bedeutet, dass der gewählte Stellvertreter Vollzugriff auf das Postfach hat, also Nachrichten öffnen und auch löschen kann.

Das Senden ist hierbei nicht möglich.

Damit sind alle Konfigurationseinstellungen ausgeschöpft.

Ach ja, ich habe vorher gesagt, dass Informationen direkt aus dem Active Directory genommen werden.

Der Exchange Server nutzt das Active Directory bekanntlich als Datenbank für die Benutzer.

Viele Eigenschaften, die wir in dieser Konsole sehen können, sind aus dem Active Directory.

Allerdings ist diese Verbindung dynamisch, wenn ich im Active Directory beispielsweise einen Eintrag bei der „Position" vornehme, ist dieser Eintrag in der Exchange-Postfachkonsole ebenfalls zu erkennen.

Umgekehrt funktioniert das natürlich auch!

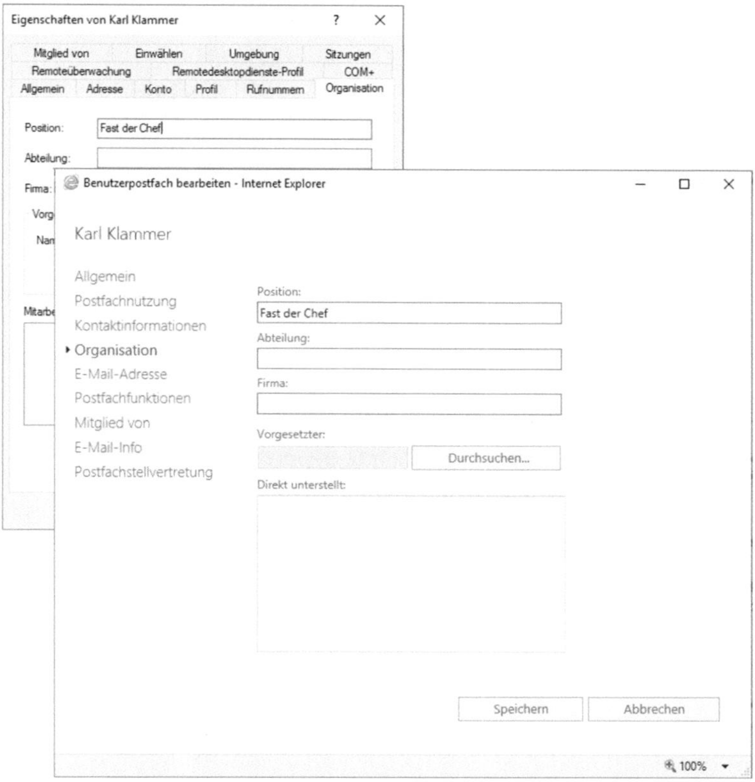


*Abbildung 5.15: Abgleich mit dem Active Directory*

# 5.3 Richtlinien und Gruppen

Wir haben bereits gesehen, dass es einige zentrale Einstellungen gibt, die für das Einrichten der Postfächer wichtig sind.

Diese sollten wir nun genauer betrachten.

Dafür sehen wir zunächst nach den Standardeinstellungen der Datenbank. Diese finden wir unter

- Server
- Datenbanken

Sie wählen die entsprechende Datenbank aus und öffnen sie zum Bearbeiten.

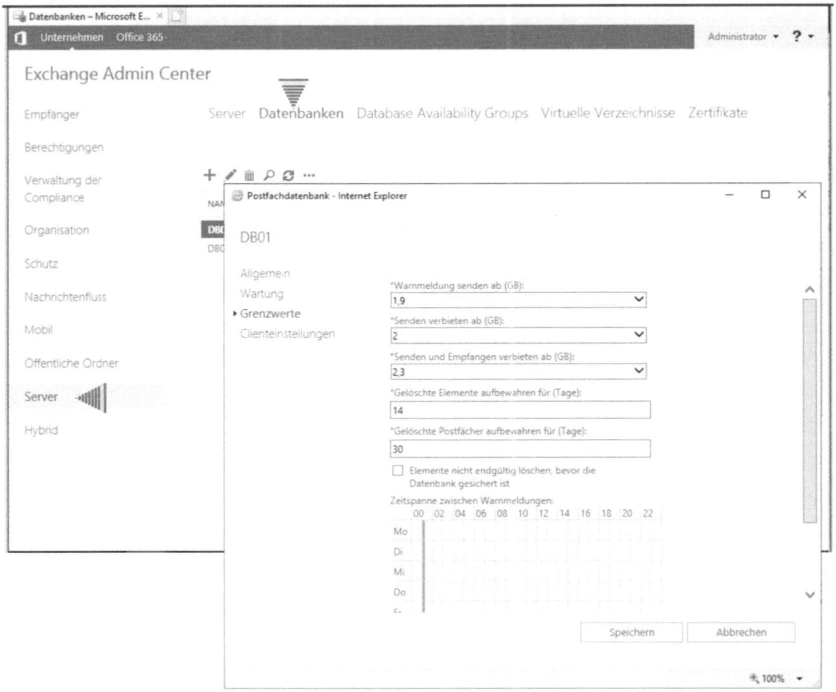


*Abbildung 5.16: Datenbankeinstellungen*

Wechseln Sie zu „Grenzwerte“.

An dieser Stelle können Sie die allgemeinen Grenzwerte definieren.

Gehen wir weiter zu den Richtlinien.

### 5.3.1 Freigaberichtlinie

Eine Freigaberichtlinie erlaubt, Kalender innerhalb der Organisation für alle freizugeben, damit alle Zugriff auf die Informationen haben.

Für die Bearbeitung dieser Richtlinie muss die Exchange PowerShell benutzt werden.

Betrachten wir zunächst die Standardrichtlinie mit dem Cmdlet

```
Get-SharingPolicy | fl
```

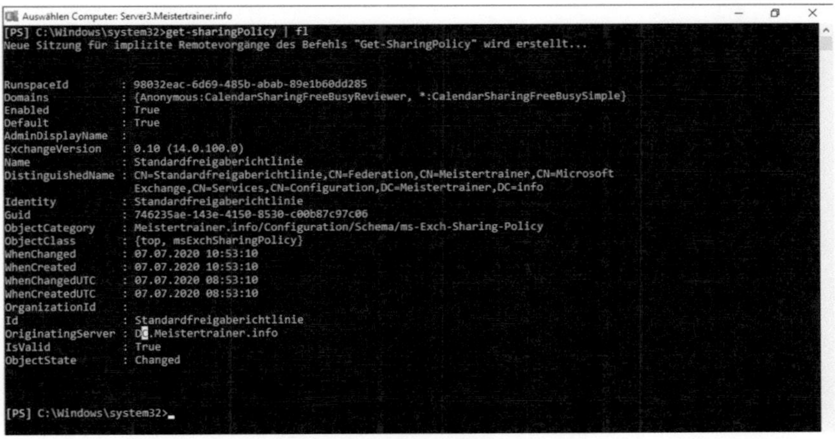


*Abbildung 5.17: Get-SharingPolicy*

Wir sehen, im Standard ist das Teilen der Informationen gestattet.

Wenn Sie das ändern möchten, können Sie mit

```
New-SharingPolicy
```

Eine neue Policy erstellen oder mit

```
Set-SharingPolicy
```

die bestehende Richtlinie verändern.

### 5.3.2 Rollenzuweisungsrichtlinie

Generell müssen allen Benutzern bestimmte Rechte zugestanden werden, damit sie auf den Exchange Server zugreifen und ihre Mails abrufen können.

Im Exchange Server wird diese Zuweisung mit einem Rollenmodell verwaltet.

Lassen Sie uns die Berechtigungen im Exchange Admin Center betrachten.

Hier wechseln Sie zu „Benutzerrollen“.

Sie sehen, dass es bereits eine „Default Role Assignment Policy“ gibt, also eine Rollenzuweisungsrichtlinie.

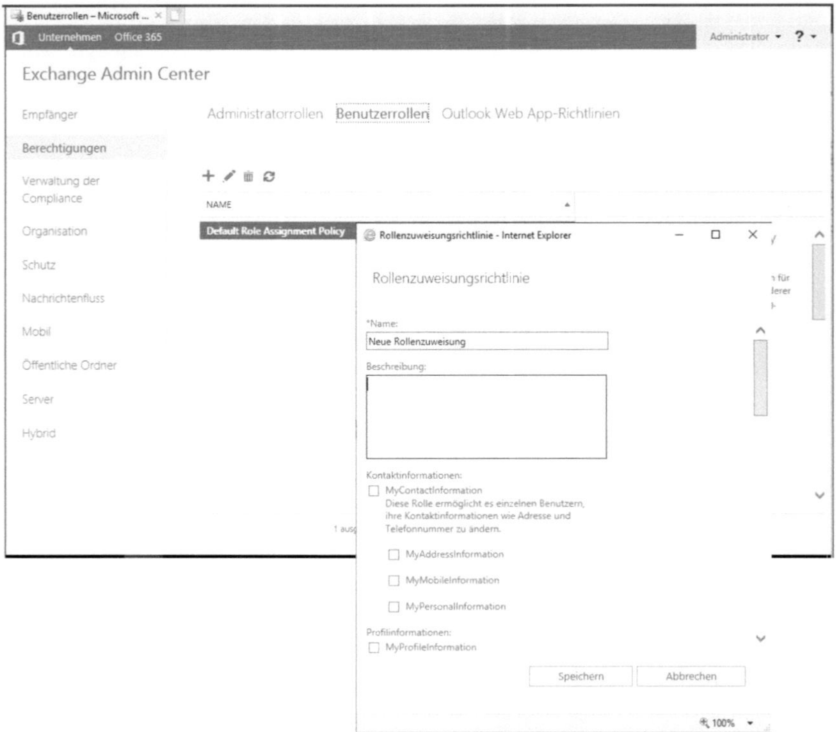


*Abbildung 5.18: Rollenzuweisungsrichtlinie*

Um zu verstehen, was das ist, erstellen Sie eine neue Richtlinie und geben ihr einen Namen.

Nun betrachten Sie die Möglichkeiten.

Offensichtlich gibt es verschiedene Benutzerrollen, die Sie auswählen können.

Die erste Benutzerrolle ist „MyContactinformation“.

Sie können diese Rolle entweder komplett auswählen, dann haben Sie bei den untergeordneten Details keine Auswahlmöglichkeit mehr.

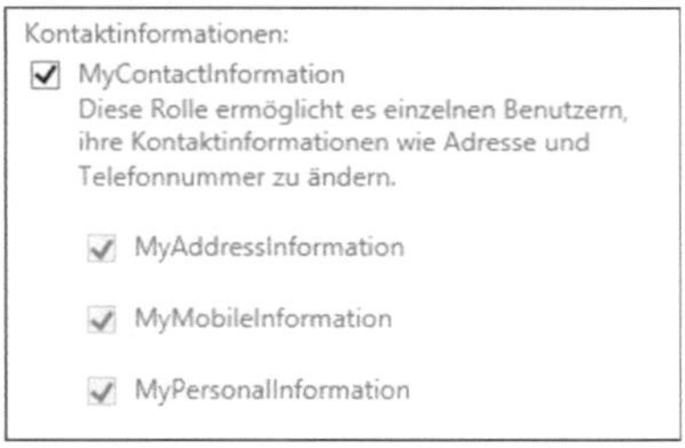


*Abbildung 5.19: Auswahl komplett*

Allerdings können Sie diese Details auch einzeln auswählen, also nur Teile einer Rolle benutzen.

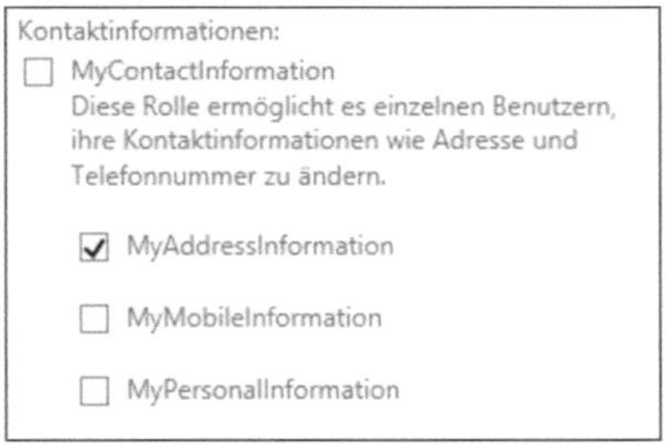


*Abbildung 5.20: Einzelne Teile*

Sie wählen alle gewünschten Benutzerrollen aus und definieren damit die Berechtigungsstufen, die in dieser Richtlinie für die Benutzer gelten sollen.

Nach dem Speichern können Sie diese Richtlinie nun in jedem einzelnen Benutzerpostfach auswählen.

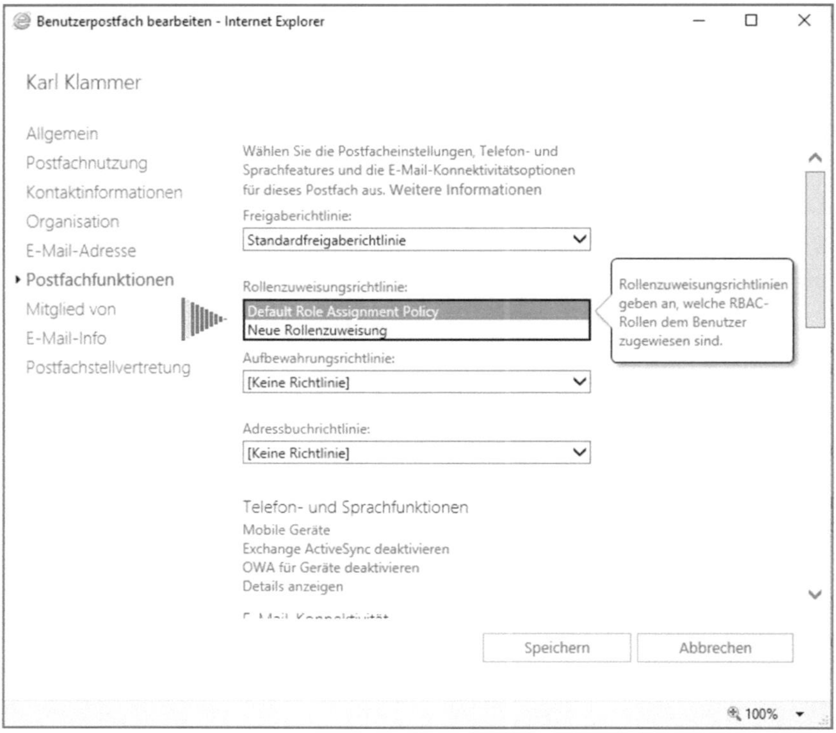


*Abbildung 5.21: Zuweisung der Richtlinie*

Natürlich können Sie auch diese Einstellungen mit der Exchange PowerShell vornehmen.

Zum Anzeigen benutzen Sie das Cmdlet

```
Get-RoleAssignmentPolicy
```

Zum Erstellen

```
New-RoleAssignmentPolicy
```

### 5.3.3 Aufbewahrungsrichtlinie

Mit Aufbewahrungsrichtlinien legen Sie fest, wie lange E-Mails im Postfach aufbewahrt werden und was danach mit ihnen geschieht.

Dies ist wichtig, denn der Postfachspeicher ist endlich.

Wenn der Benutzer eine E-Mail aus seinem E-Mail-Client löscht, heißt das noch lange nicht, dass sie auch auf dem Postfachserver entfernt wird.

Wenn hier keine Regelung getroffen wird, wie lange gelöschte Mails vorgehalten werden, ist das Speicherlimit ziemlich schnell erreicht.

Dieses Problem können wir mit Aufbewahrungsrichtlinien lösen.

Aufbewahrungsrichtlinien werden in zwei Stufen erstellt.

**Erstellen eines Aufbewahrungstags**

Dies ist das Festlegen einzelner Aufbewahrungsanweisungen.

**Erstellen einer Aufbewahrungsrichtlinie**

In einer Aufbewahrungsrichtlinie können mehrere Aufbewahrungstags eingebunden werden.

Beginnen wir mit der Erstellung eines Aufbewahrungstags.

Sie öffnen dazu das Exchange Admin Center und wechseln zu „Verwaltung der Compliance“.

Dort wählen Sie „Aufbewahrungstags“.

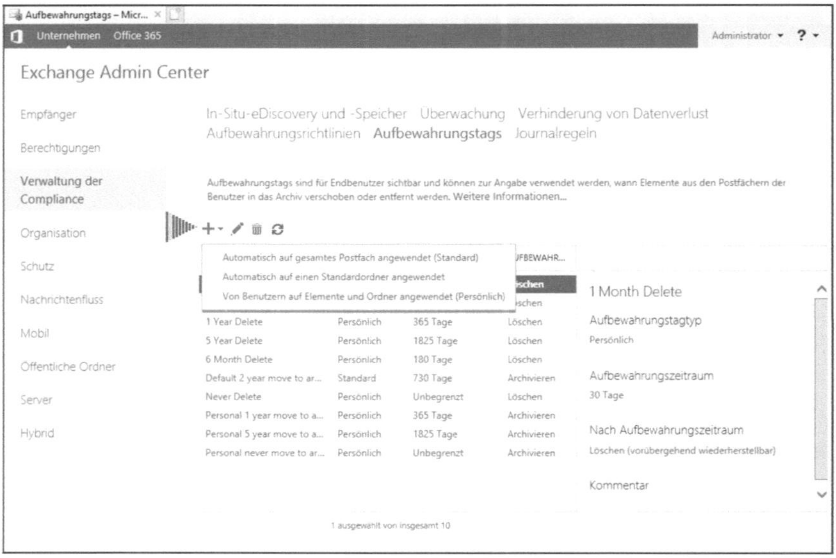


*Abbildung 5.22: Aufbewahrungstags*

Es sind schon einige Aufbewahrungstags vorhanden, wir können aber problemlos einen weiteren erstellen.

Diesem geben Sie einen Namen.

Nun legen Sie die Aufbewahrungsaktion fest.

*Abbildung 5.23: Erstellen eines Tags*

### Löschen und Wiederherstellung zulassen

In diesem Fall werden die von den Benutzern gelöschten Elemente noch eine Zeit aufbewahrt und können wiederhergestellt werden.

### Endgültig löschen

Diese Auswahl löscht das Element aus der Postfachdatenbank und es kann nicht mehr wiederhergestellt werden.

### In Archiv verschieben

Mit dieser Auswahl wir eine Mail in das Archivpostfach des Benutzers verschoben, sofern es vorhanden ist

Ich habe mich hier für „Löschen und Wiederherstellung zulassen“ entschieden.

In diesem Fall muss noch angegeben werden, wie lange der Aufbewahrungszeitraum dauern soll.

Danach wird der Tag erstellt.

Nun ist es einfach, eine neue Aufbewahrungsrichtlinie zu erstellen.

Sie wechseln zu „Aufbewahrungsrichtlinien“ und klicken auf das +-Symbol.

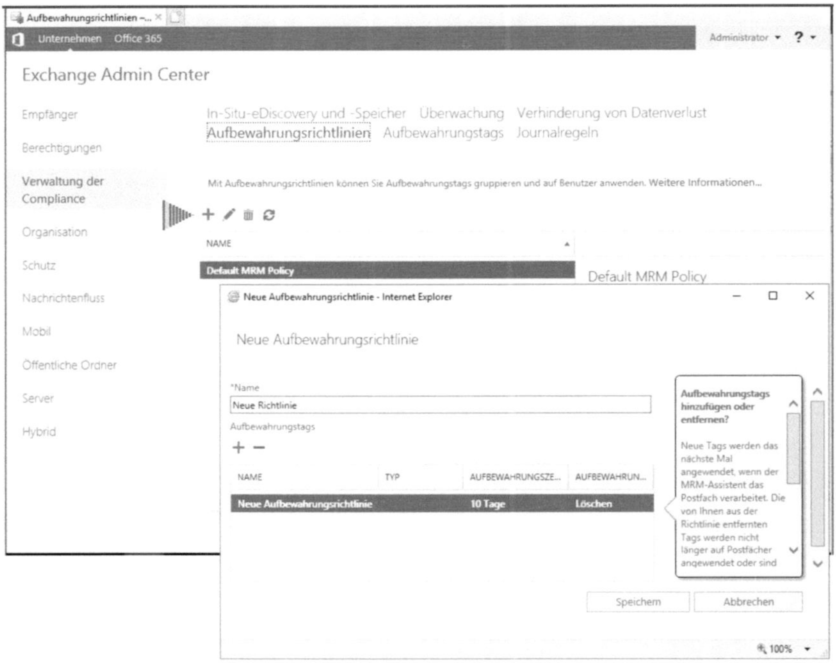


*Abbildung 5.24: Aufbewahrungsrichtlinie erstellen*

Sie geben der neuen Richtlinie einen Namen und wählen einen oder mehrere Tags aus.

Nach dem Speichern können Sie diese Aufbewahrungsrichtlinie für jeden Benutzer auswählen.

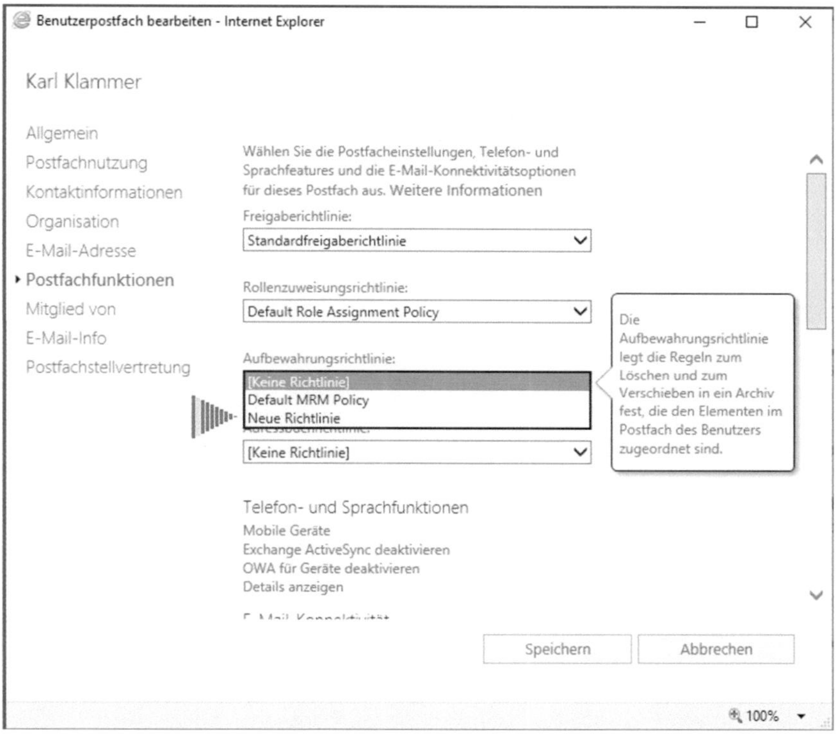


*Abbildung 5.25: Auswahl der Richtlinie*

Die Cmdlets für diese Aufgabe sind:

`New-RetentionPolicyTag (Erstellen eines Aufbewahrungstags)`

`New-RetentionPolicy (Erstellen einer Aufbewahrungsrichtlinie)`

### 5.3.4 Adressbuchrichtlinie

Mit Adressbuchrichtlinien können Sie die Benutzer in verschiedene Gruppen einteilen, um ihnen spezielle Adresslisten zur Verfügung zu stellen.

Im Standard ist keine Richtlinie erstellt.

Sie können dies mithilfe des Cmdlets

```
New-AddressBookPolicy
```

vornehmen.

### 5.3.5 Verteilergruppen

Zum Schluss möchte ich noch kurz über die Verteilergruppen reden.

Verteilergruppen sind Gruppen, in denen mehrere Empfänger zusammengefasst werden können. Beispielsweise würde es Sinn machen, eine Verteilergruppe zu erstellen, wenn Sie mit mehreren Personen an einem Projekt arbeiten und sich mit diesen Personen immer untereinander austauschen möchten.

In diesem Fall können Sie die Nachrichten an die Verteilergruppe senden, und alle Personen in der Gruppe erhalten sie Mail.

Der Vorteil liegt auf der Hand, Sie senden die Mail nur einmal.

Verteilergruppen sind schnell erstellt:

Sie wechseln zu

- Empfänger
- Gruppen

Hier können Sie eine neue Verteilergruppe erstellen.

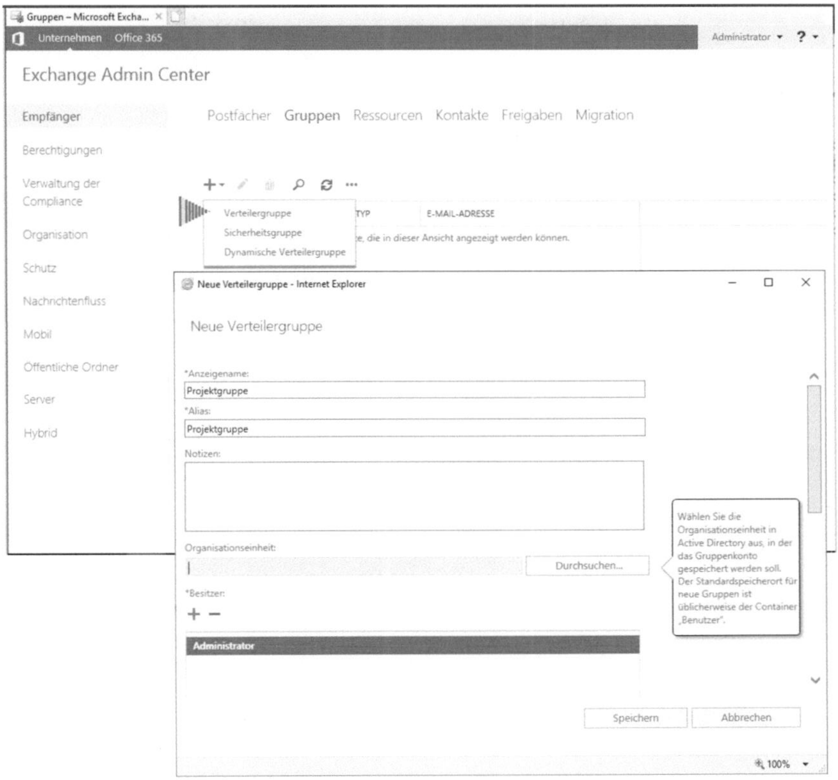


*Abbildung 5.26: Verteilergruppe erstellen*

Sie geben den Anzeigenamen ein und definieren ein Alias.

Aus diesem Alias wird die E-Mail-Adresse generiert, also in diesem Fall Projektgruppe@meistertrainer.info.

Wichtig ist, dass diese Verteilergruppe ebenfalls im Active Directory gespeichert wird, und Sie können an dieser Stelle sogar wählen, in welchem Container oder in welcher OU.

Der Ersteller der Gruppe ist normalerweise auch der Besitzer.

Nun fügen Sie nur noch die Benutzer hinzu und legen fest, ob es eine geschlossene oder eine offene Gruppe sein soll.

## 5.4 Ressourcenpostfächer

Unter dem Begriff „Ressourcenpostfach“ verstecken sich zwei Arten von Ressourcen

- Raumpostfach
- Gerätepostfach

Der Grund dafür ist, dass es sich sowohl bei Räumen als auch bei Geräte um Firmenressourcen handelt, die verwaltet werden müssen.

Betrachten wir das Beispiel eines Raumpostfaches, die Einrichtung eines Gerätepostfachs läuft identisch.

Wir haben einen Tagungsraum, den wir verwalten möchten und benutzen können, wenn er frei ist.

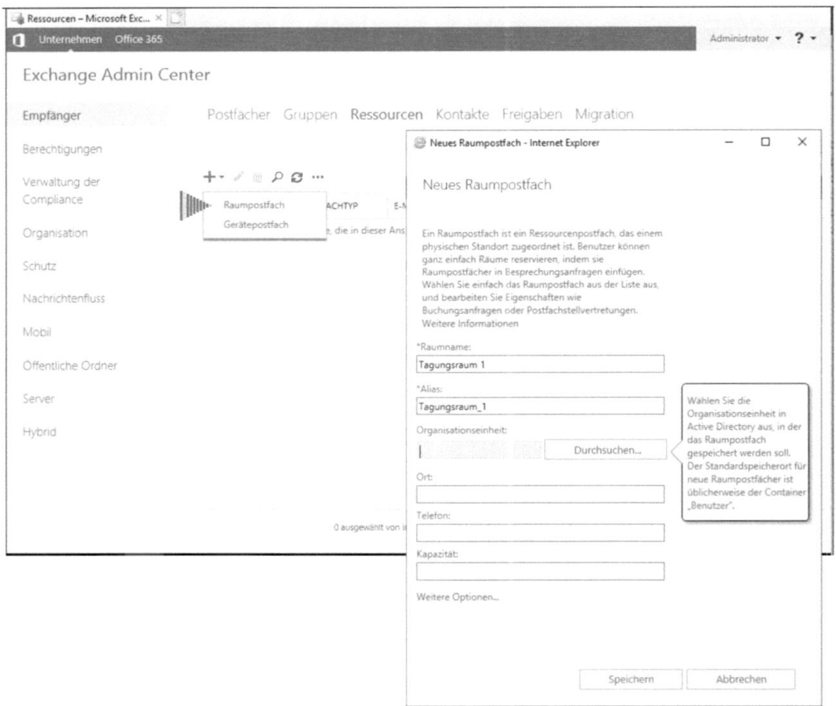


*Abbildung 5.27: Raumpostfach erstellen*

Für diesen Tagungsraum erstellen wir nun ein Raumpostfach, indem wir wählen

- Empfänger
- Ressourcen
- Raumpostfach

Das Ausfüllen des Fensters läuft nach dem bereits bekannten Schema, Sie vergeben einen Namen und einen Alias, aus dem eine E-Mail Adresse generiert wird.

Es ist möglich, das Postfach danach noch zu konfigurieren.

Nun kann im Outlook eine Buchung des Raumes vorgenommen werden.

Dazu wechseln Sie auf die Termine, wählen „Neuer Termin“ – „Terminplanungs-Assistent“.

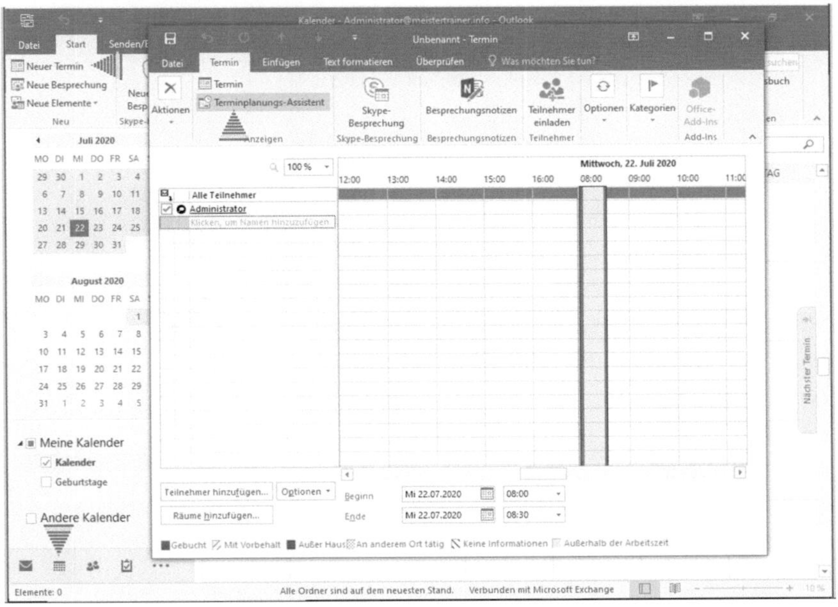


*Abbildung 5.28: Terminplanungsassistent*

Hier kann ich nun unter „Räume hinzufügen“ einen Raum zu einem gewählten Termin hinzubuchen.

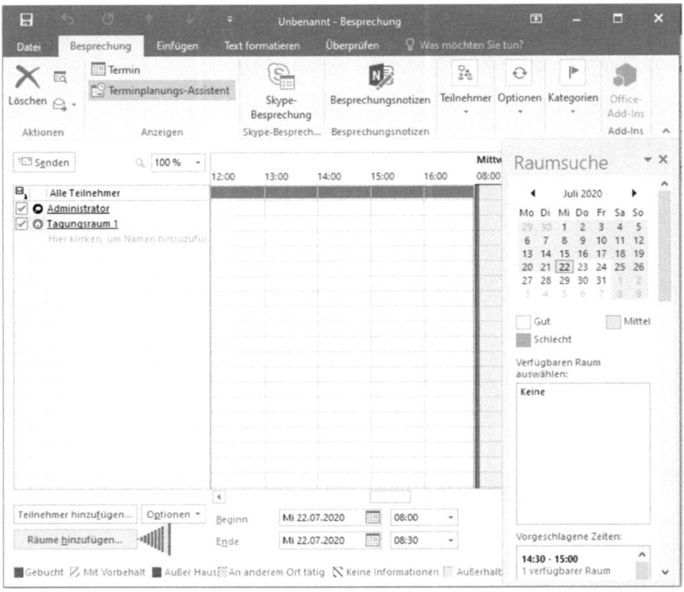


*Abbildung 5.29: Räume buchen*

Nach Absenden der Anfrage erhalten Sie auch eine Bestätigung.

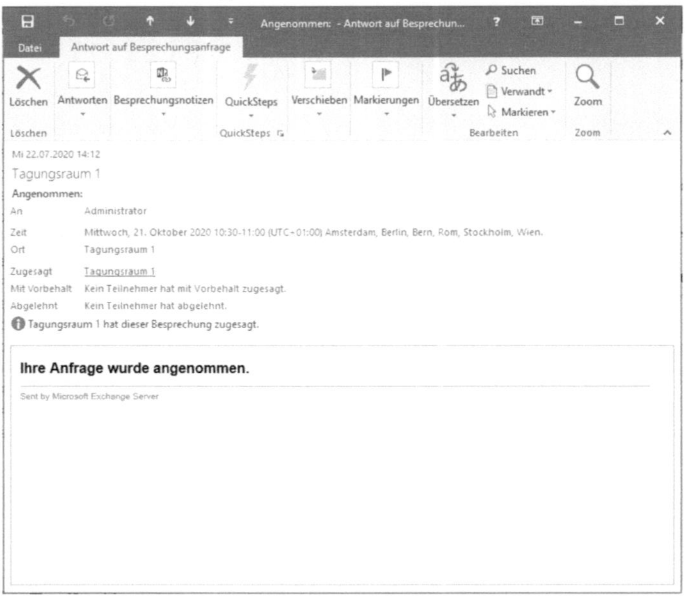


*Abbildung 5.30: Bestätigung*

Um zu kontrollieren, welche Räume belegt und welche frei sind, können Sie auch für jedes Raumpostfach einen Kalender in Outlook hinzufügen.

Dazu fügen Sie einfach in der Kalenderansicht einen neuen Kalender dazu, wählen „Aus Raumliste“ und entscheiden sich dann für das gewünschte Raumpostfach.

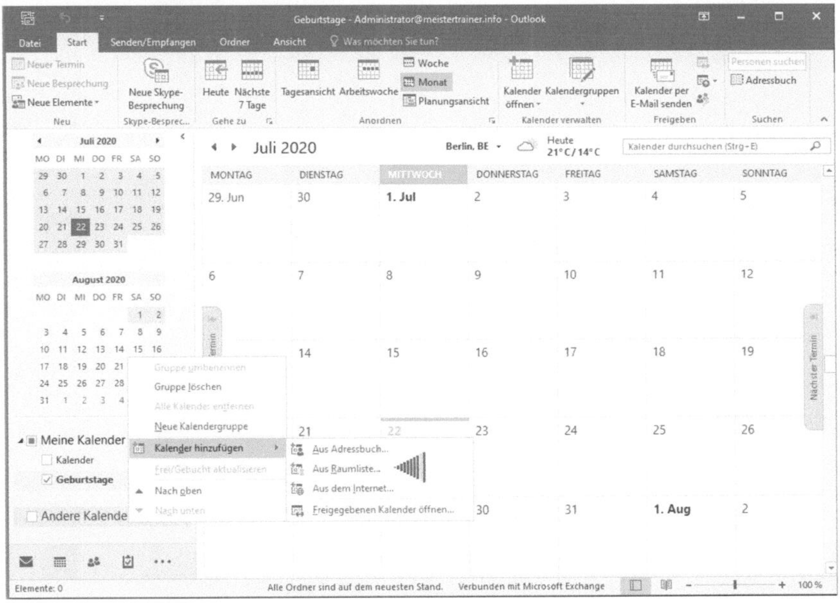


*Abbildung 5.31: Neuer Kalender*

Der zusätzliche Kalender wird eingebunden und Sie können die Raumbelegung kontrollieren.

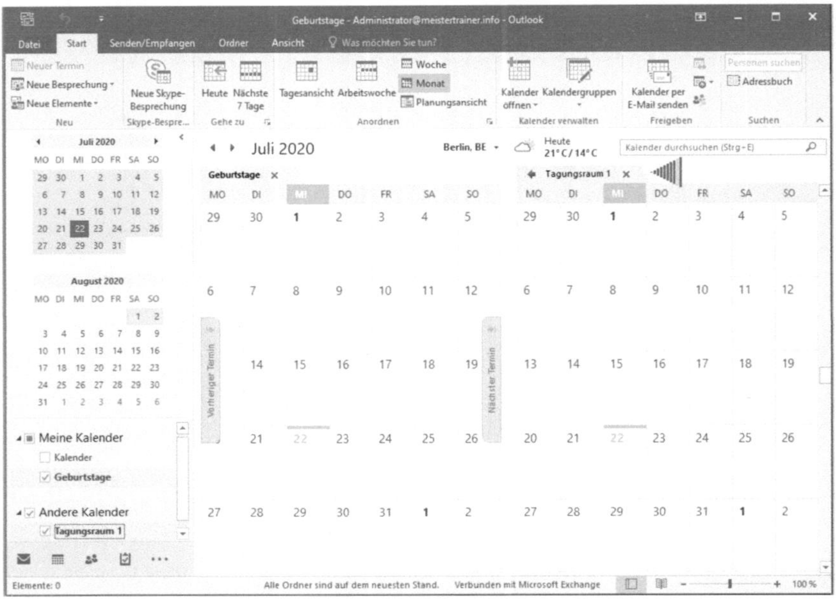

*Abbildung 5.32: Kalender ist erstellt*

# 6 Sichern und wiederherstellen

Mit dem Einrichten der Database Availability Group haben Sie schon viel für die Datensicherheit getan, da nun mehrere Kopien einer Datenbank existieren.

Aber was können Sie tun, wenn Sie beispielsweise nur einen einzigen Exchange Server betreiben, oder Sie einfach nur die Möglichkeit haben möchten, einzelne Postfächer wiederherzustellen?

In diesen Fällen müssen Sie eine Datensicherung einrichten.

## 6.1 Grundlagen des Sicherns von Exchange Server

Der Exchange Server ist wählerisch bei der Auswahl der Sicherungsprogramme, er unterstützt nur VSS-basierte Sicherungen.

### 6.1.1 Volume Shadow Copy

VSS bedeutet „Volume Shadow Copy", dafür stellt Microsoft im Betriebssystem einen Dienst zur Verfügung.

Im Prinzip ist dieser Dienst die Lösung auf ein grundsätzliches Problem bei der Sicherung:

Wie sichere ich geöffnete Datendateien?

Dieses Problem stellt sich in erster Linie bei Datenbanken, wie Active Directory und SQL-Server.

Auch Exchange betreibt die Postfachdatenbanken, die im geöffneten Zustand gesichert werden müssen.

VSS erstellt aus diesem Grund eine „Schattenkopie“, die man auch als Snapshot oder Momentaufnahme beschreiben kann.

Damit eine VSS-Lösung funktionieren kann, sind einige Komponenten nötig.

## *VSS-Dienst*

Dieser Dienst ist im Windows Betriebssystem integriert. Er ist sozusagen die zentrale Steuerstelle für die Zusammenarbeit aller Komponenten.

## *VSS-Anforderer*

Der Anforderer ist derjenige, der um die Sicherung bittet, also das Sicherungsprogramm.

**VSS Writer**

Der Writer ist die Schnittstelle zwischen dem Anforderer, also dem Sicherungsprogramm und der Anwendung, in unserem Fall ist das der Exchange Server.

In den meisten Fällen ist der Writer Teil der Anwendung, so auch beim Exchange Server.

## *VSS-Anbieter*

Diese Komponente greift auf die physikalisch gespeicherten Daten zu und erstellt die Schattenkopien.

Microsoft Windows enthält einen VSS-Anbieter, mit dem Sie auf die Daten zugreifen können, die von Windows verwaltet werden.

Wenn Sie ein Storage Area Network (SAN) verwenden, müssen Sie den entsprechenden VSS-Anbieter für die Hardware installieren, damit eine Sicherung vorgenommen werden kann.

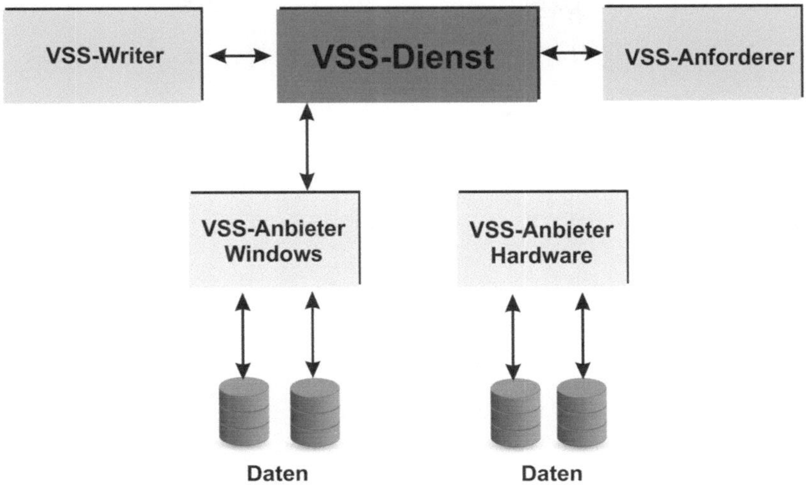


*Abbildung 6.1: VSS Prinzip*

Ein Programm, das VSS-fähig ist und von Exchange Server unterstützt wird, ist die Windows Server Sicherung.

## 6.2 Sicherung einrichten

Wie bereits erwähnt, ist das Windows Server Sicherungsprogramm eines der Programme, die VSS unterstützen.

Es gibt noch viele andere Sicherungsprogramme, aber als Beispiel möchte ich Ihnen an dieser Stelle die Vorgehensweise im integrierten Programm zeigen.

Dieses muss zunächst installiert werden, und zwar als ein Feature auf dem jeweiligen Server.

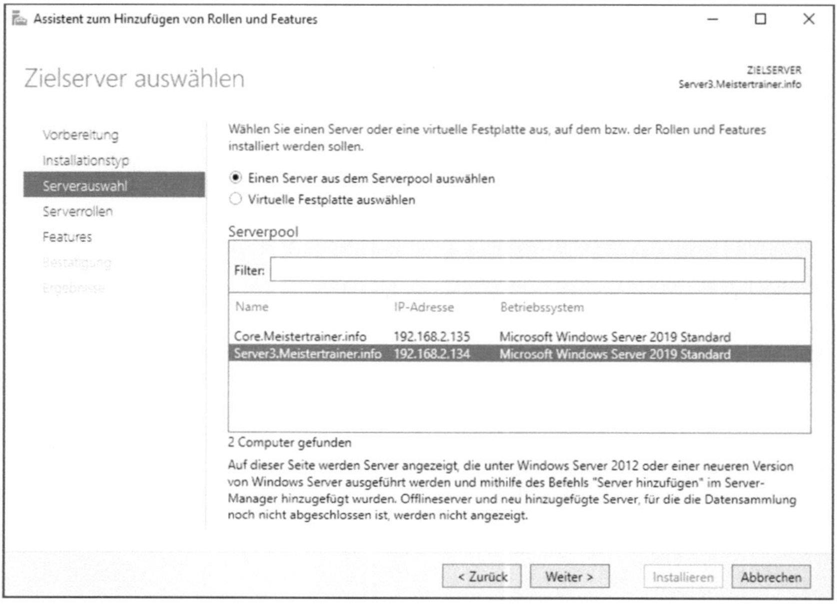


*Abbildung 6.2: Installieren des Sicherungsprogrammes*

Wenn Sie einen Serververbund haben, wie wir durch das Einrichten der Database Availability Group, können Sie im Assistenten sowohl einen Server mit grafischer Oberfläche als auch einen Core Server auswählen.

Danach wählen Sie das Feature „Windows Server-Sicherung“ und starten die Installation.

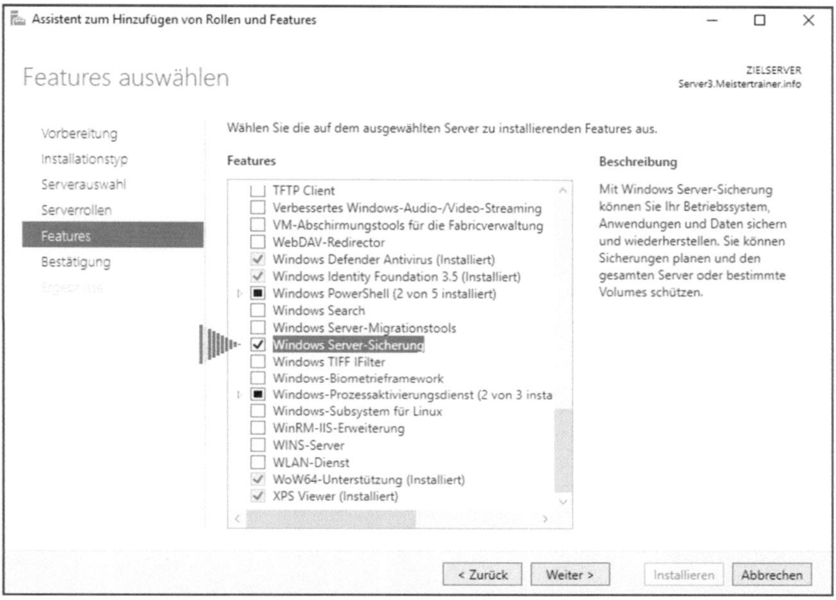


*Abbildung 6.3: Windows Server-Sicherung*

Auf einem Core Server können Sie dieses Feature auf die gleiche Weise installieren, oder Sie nehmen die Installation lokal in der Exchange-Powershell vor mit dem Cmdlet:

```
Install-WindowsFeature   Windows-Server-
Backup
```

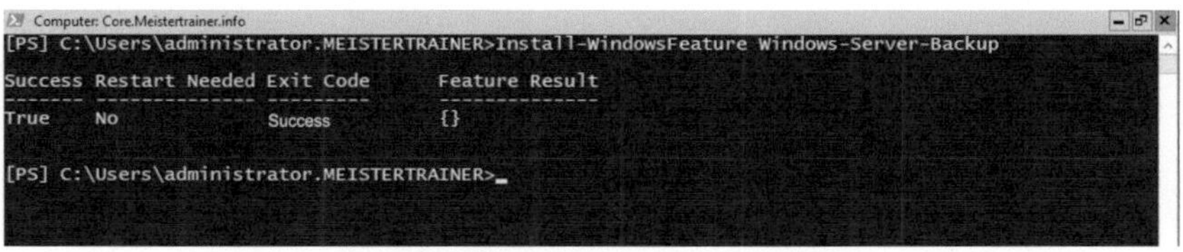


*Abbildung 6.4: Install-WindowsFeature*

Nun können wir den Sicherungsplan einrichten.

Dazu starten Sie das Windows Sicherungsprogramm lokal auf dem

Exchange Server mit der grafischen Oberfläche.

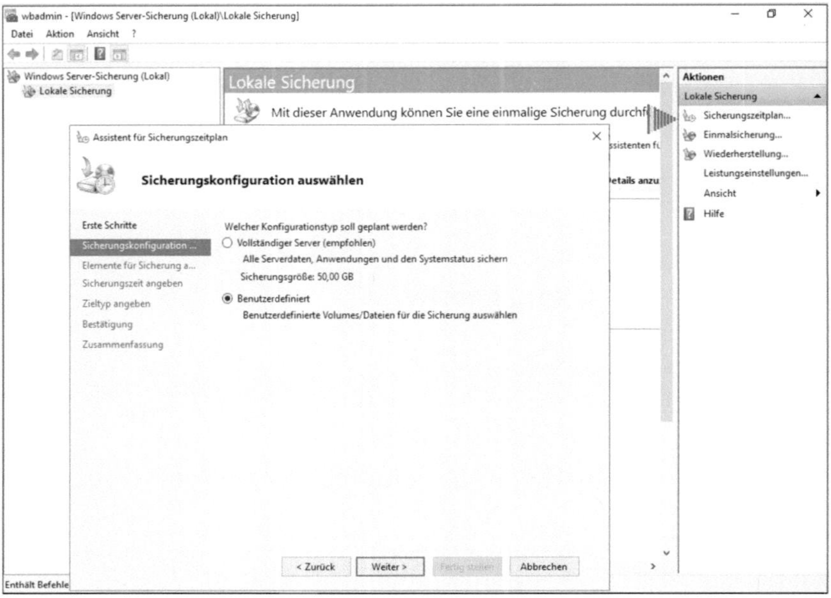


*Abbildung 6.5: Sicherungszeitplan*

Sie wählen auf der rechten Seite „Sicherungszeitplan“.

Im nächsten Schritt wählen Sie die Elemente aus, die gesichert werden sollen.

In unserem Fall ist das die Festplatte „E:\“, da dort die Datenbanken liegen.

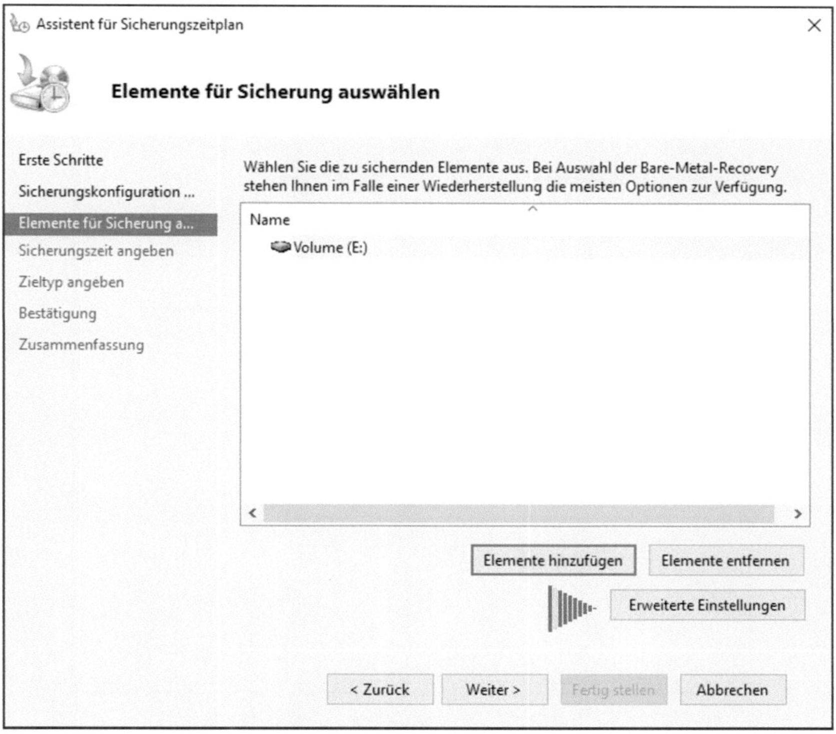


*Abbildung 6.6: Elemente wählen*

Wichtig ist, danach die „Erweiterten Einstellungen“ zu wählen.

Sie wählen im Karteireiter „VSS-Einstellungen“ aus, damit eine vollständige VSS-Sicherung erstellt wird.

Dies ist die richtige Einstellung, wenn ich nur mit diesem Programm sichere, die Standardeinstellung ist allerdings „VSS-Kopiesicherung“, deswegen muss dies unbedingt geändert werden!

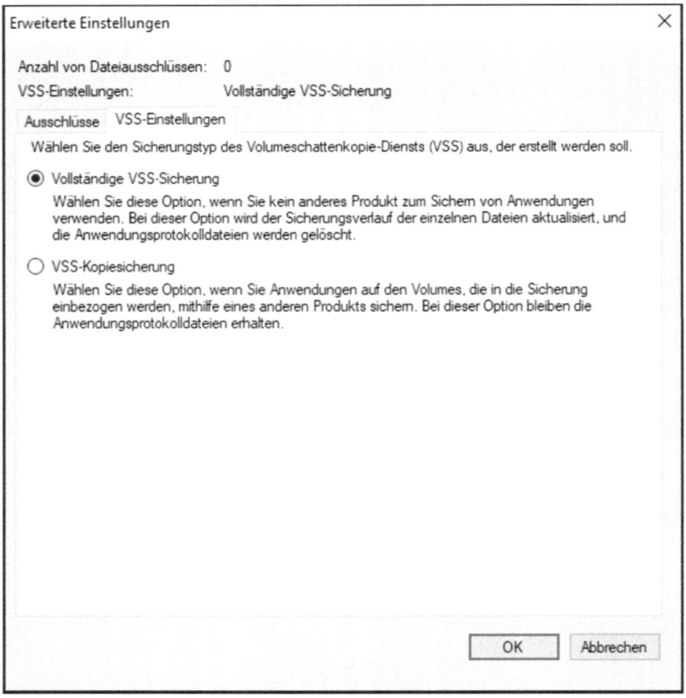


*Abbildung 6.7: Vollständige VSS-Sicherung*

Danach legen Sie den Sicherungszeitplan fest, im Idealfall legen Sie die Zeiten natürlich auf die Nacht, wenn keine großen Zugriffe auf die Datenbanken anfallen.

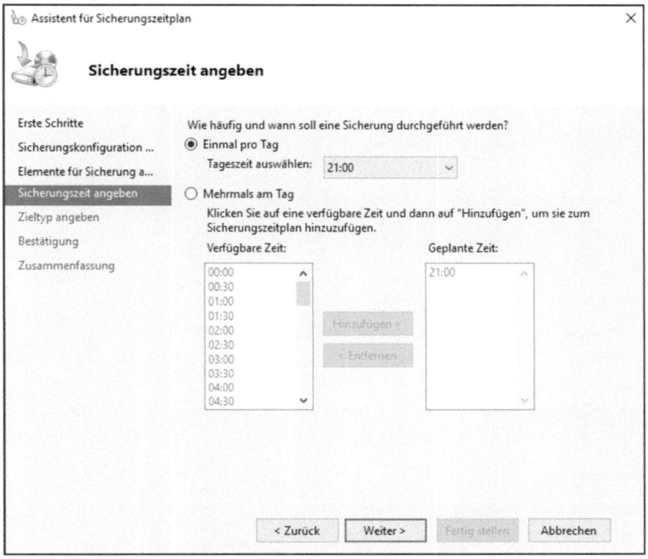


*Abbildung 6.8: Zeitplan*

Nun wählen Sie den Zieltyp aus.

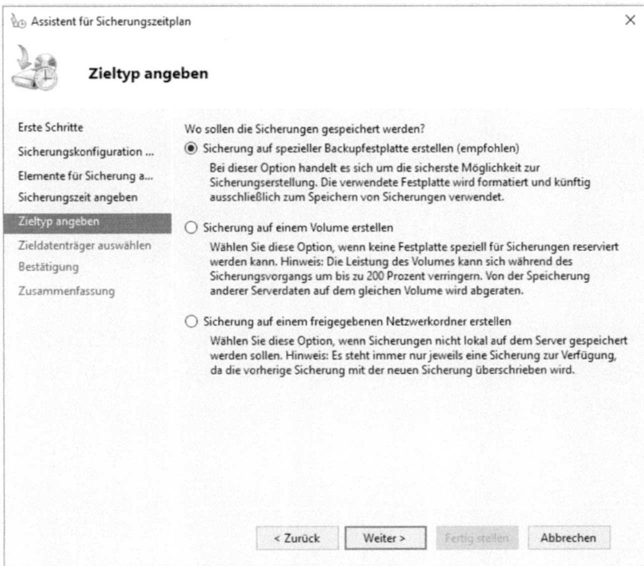


*Abbildung 6.9: Zieltyp*

In dieser Testumgebung wähle ich den freigegebenen Netzwerkordner aus, dies ist natürlich in einer produktiven Umgebung nicht die beste Lösung, da sollten Sie eine dedizierte Sicherungsfestplatte einrichten.

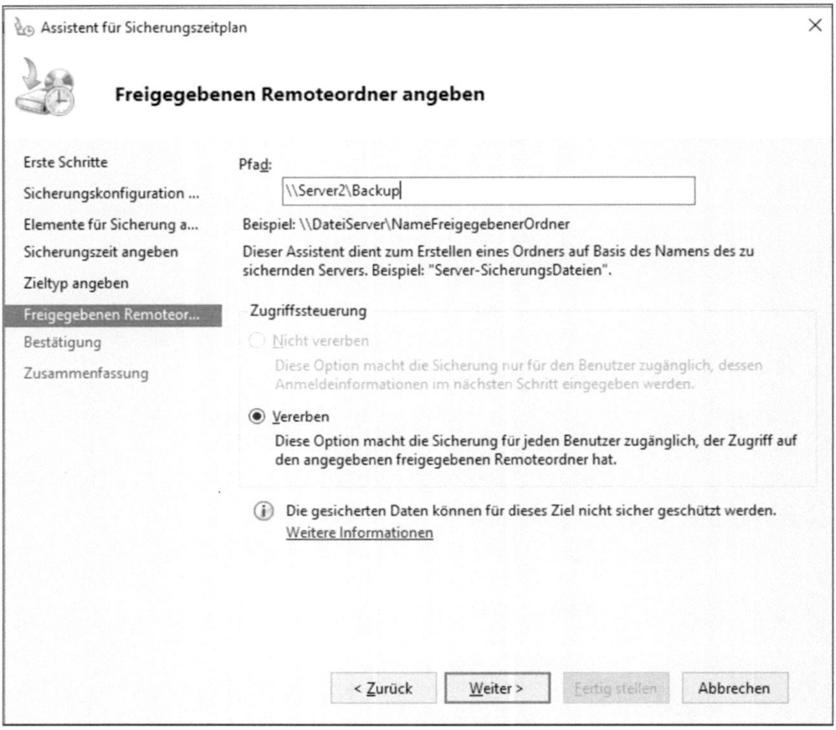


*Abbildung 6.10: Speicherort*

Sie bestätigen die Auswahl noch, und das Backup wird eingerichtet.

Auf einem Core Server können Sie die Sicherung genauso einrichten, Sie müssen lediglich eine Management-Konsole erstellen und dort das Snap-In „Windows Server-Sicherung“ hinzufügen.

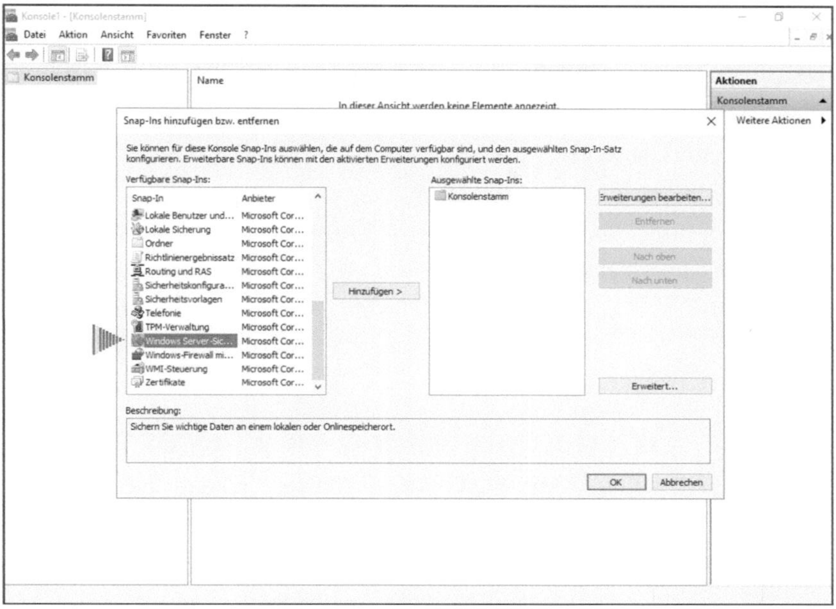


*Abbildung 6.11: Snap-In hinzufügen*

Sie werden nun gefragt, mit welchem Computer Sie Verbindung aufnehmen möchten.

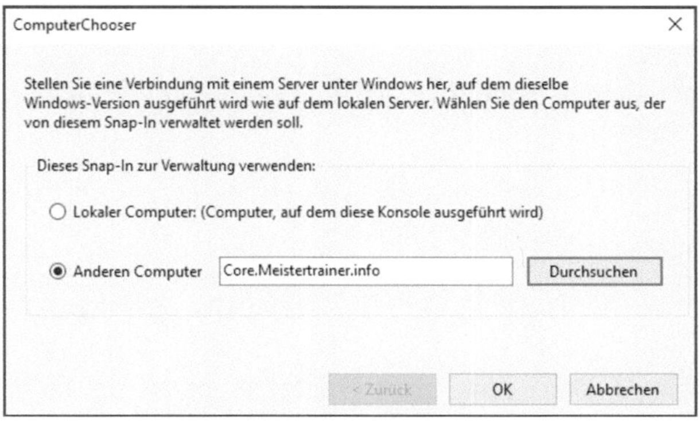


*Abbildung 6.12: Angabe des Computers*

Hier wählen Sie natürlich den Core Server aus.

Danach können Sie die Sicherung dort genauso einrichten, wie auf dem Server mit der grafischen Oberfläche.

## 6.3 Wiederherstellung

Für die Wiederherstellung gibt es zwei mögliche Szenarien.

Es kann nötig sein, die ganze Datenbank wiederherzustellen, da sie aus irgendeinem Grund zerstört worden ist.

Dies ist in einer DAG relativ selten, aber es kann vorkommen, falls Sie nur einen einzelnen Exchange Server benutzen.

Die zweite Alternative ist schon eher möglich, nämlich, dass Sie ein einzelnes Postfach wiederherstellen möchten, weil es versehentlich gelöscht worden ist.

### 6.3.1 Wiederherstellung eines Postfachs

Wir betrachten hier das häufigere Szenario, in dem ein Postfach wiederhergestellt wird.

Dieser Vorgang wird in mehreren Schritten ausgeführt. Wir werden alle Schritte an einem Beispiel abarbeiten.

#### Beispiel:

Ich möchte die Mailbox des Benutzers „Administrator" wiederherstellen, da der Inhaber der Mailbox versehentlich alle Daten gelöscht hat und keine Aufbewahrungsrichtlinie existiert, mit der sie wiederhergestellt werden könnten.

#### Schritt 1:

Erstellen eines Ordners, in den die Datenbank zurückgesichert werden kann.

Eine Exchange Datenbank muss zunächst an einen alternativen Ort zurückgesichert werden, damit die benötigten Schritte für eine Wiederherstellung ausgeführt werden können.

Dazu erstellen Sie einen Ordner.

## Schritt 2: Wiederherstellungsdatenbank anlegen

Um Daten wiederherzustellen, wird eine Datenbank benötigt, in die sie kopiert werden können.

Dafür legen Sie eine neue Datenbank an, die am eben erstellten Speicherort entstehen soll.

Diese Datenbank benötigt einen individuellen Namen, beispielsweise Recovery.

```
New-MailboxDatabase -Recovery -Name
Recovery -Server Server3 -EdbFilePath
"C:\DBRecovery\Recovery.EDB" -
LogFolderPath "C:\DBRecovery\Log"
```

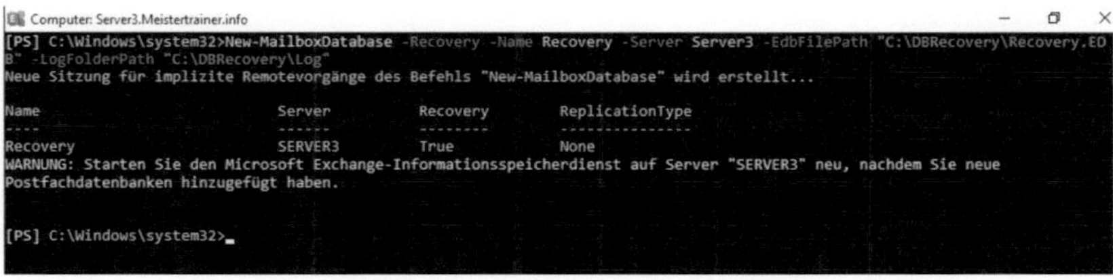


*Abbildung 6.13: New-MailboxDatabase*

Nun kann die Wiederherstellung beginnen.

Sie öffnen das Sicherungsprogramm und wählen „Wiederherstellung“.

Im ersten Schritt wähle ich „Dieser Server“.

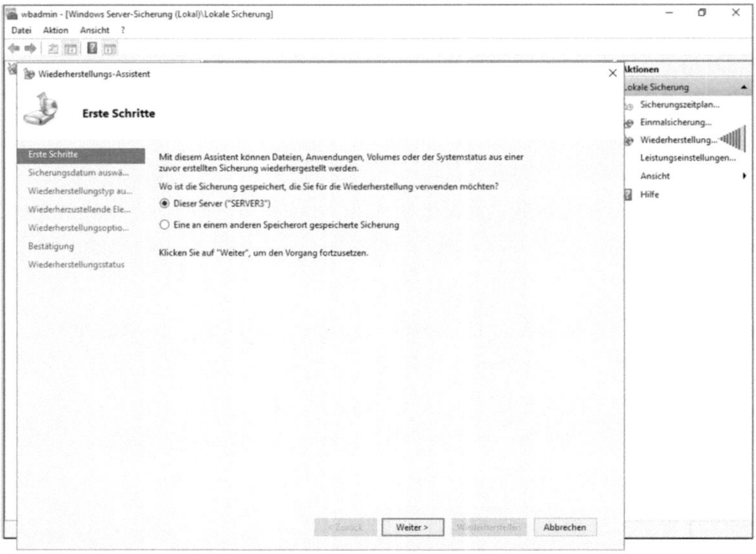


*Abbildung 6.14: Wiederherstellen*

Danach suchen Sie das richtige Backup aus.

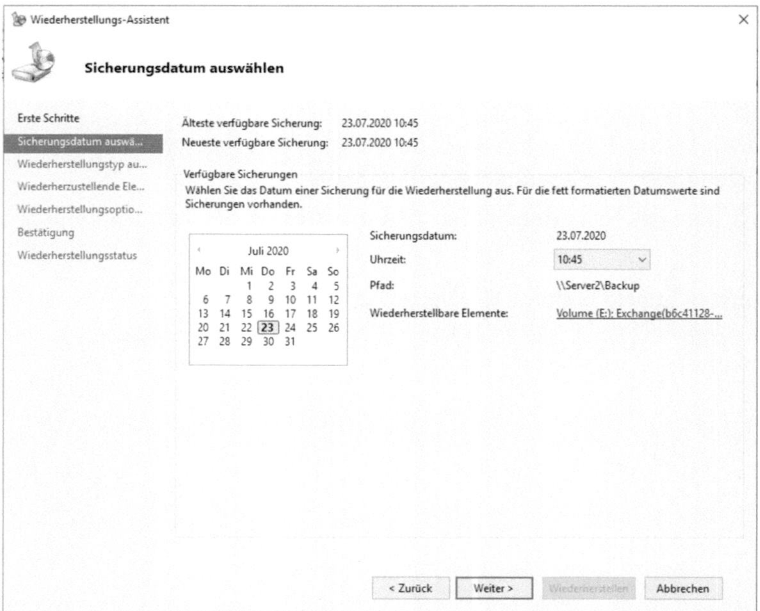


*Abbildung 6.15: Auswahl richtiges Backup*

Auf der Seite „Wiederherstellungstyp“ muss nun eine Auswahl getroffen werden.

Da Sie nur ein einzelnes Postfach zurücksichern möchten, ist es nicht nötig, die komplette Datenbank mit allen Logfiles zurückzusichern. Dafür wäre „Anwendungen“ die richtige Auswahl.

Sie wählen stattdessen „Dateien und Ordner“ aus.

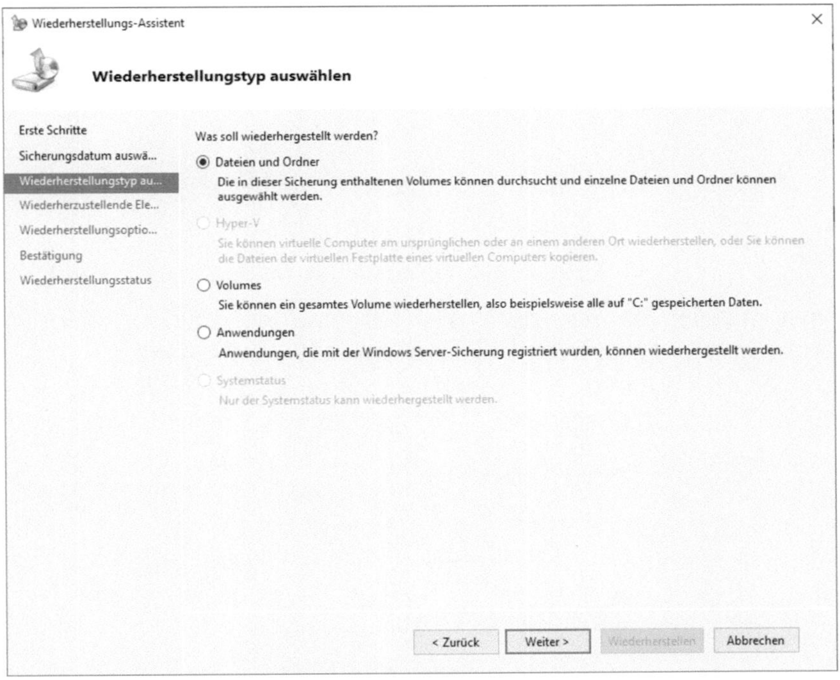


*Abbildung 6.16: Wiederherstellungstyp*

Auf der nächsten Seite können Sie nun aus allen gesicherten Daten die benötigte Datenbank auswählen.

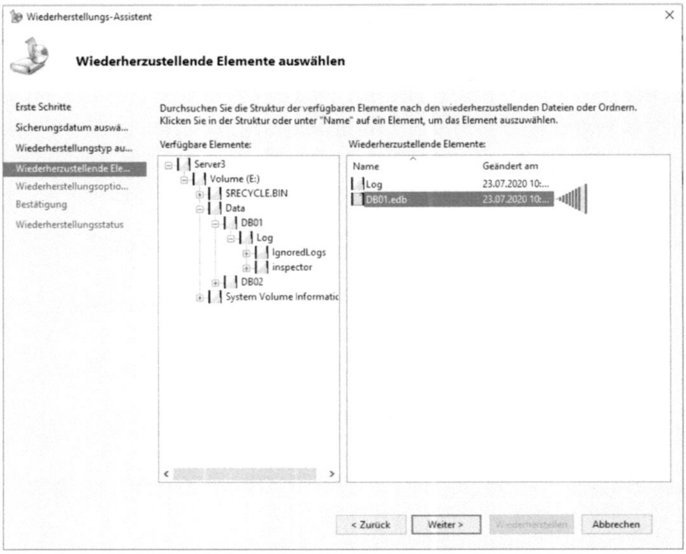


*Abbildung 6.17: Auswahl Datenbank*

Nun wählen Sie nur noch den Ort aus, an den die Sicherung zurückgeschrieben werden soll, das ist der dafür erstellte Ordner.

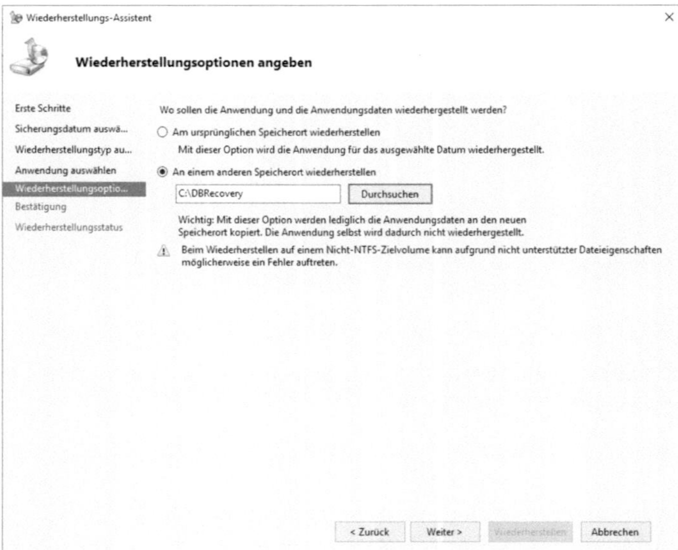


*Abbildung 6.18: Auswahl Speicherort*

Damit werden die Daten zurückgesichert.

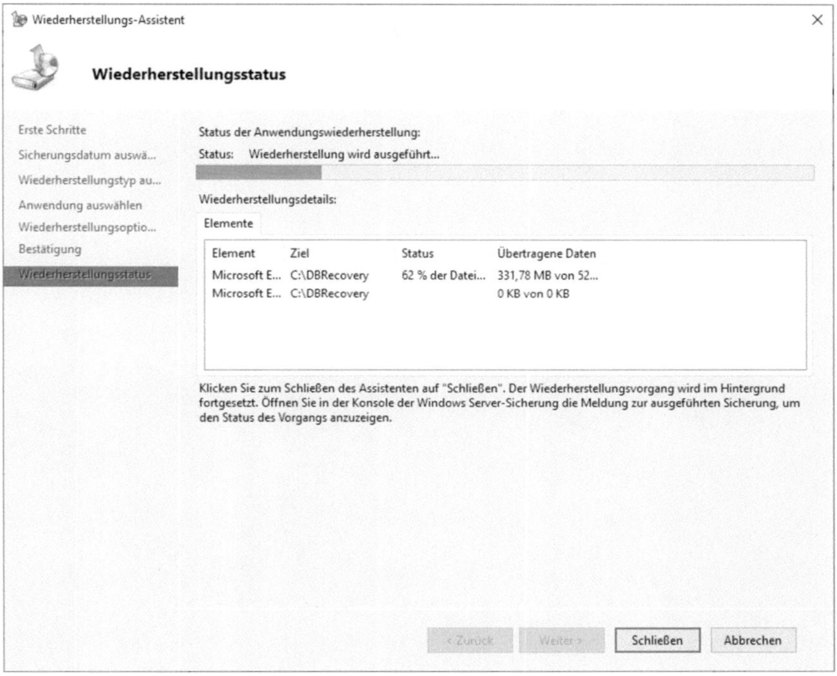


*Abbildung 6.19: Rücksicherung*

Nun finden wir die zurückgesicherte Datenbank im Ordner, den wir für die „Recovery“ Datenbank angelegt haben.

Allerdings haben wir für den Namen der Datenbank beim Erstellen „Recovery.edb“ angegeben, momentan heißt die zurückgesicherte Datenbank aber „DB01.edb“, da das der Name der Originaldatei war.

Aus diesem Grund müssen wir die Datei noch umbenennen zu „Recovery.edb“.

Die Recovery-Datenbank existiert nun, ist aber noch nicht im richtigen Zustand, um auf sie zugreifen zu können, denn sie ist nicht vom Exchange Server erstellt worden.

Dieser Zustand kann auch erreicht werden, wenn eine Datenbank abgestürzt ist, und nennt sich „Dirty Shutdown“.

Das können wir leicht überprüfen, indem wir das Cmdlet

```
eseutil /mh <PfadZurDatenbank>
```

eingeben.
In unserem Fall ist das

```
eseutil /mh 'C:\DBRecovery\Recovery.edb'
```

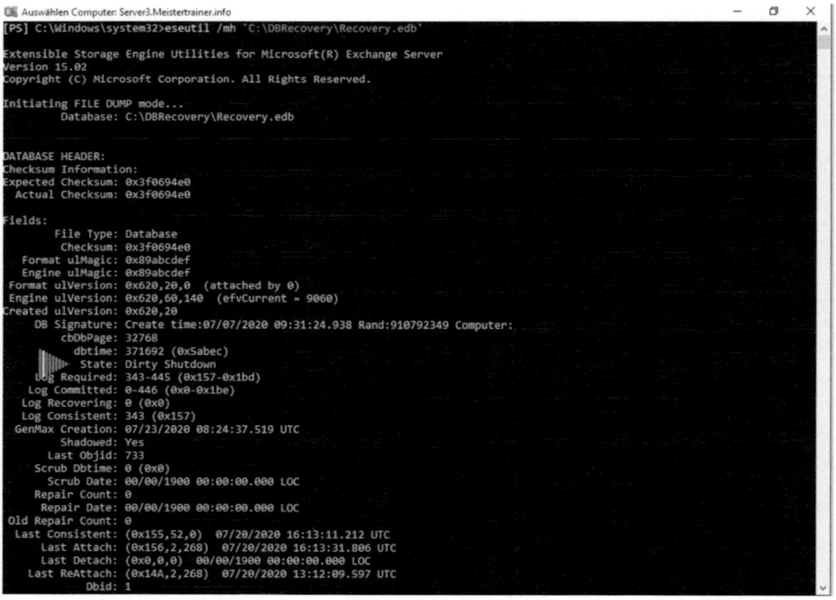


*Abbildung 6.20: Dirty Shutdown*

Wir erkennen den Status „Dirty Shutdown“.

Diesen Zustand müssen wir nun reparieren.
Dies können wir mit dem Cmdlet

```
eseutil /p <PfadZurDatenbank>
```

erledigen.

```
eseutil /p 'C:\DBRecovery\Recovery.edb'
```

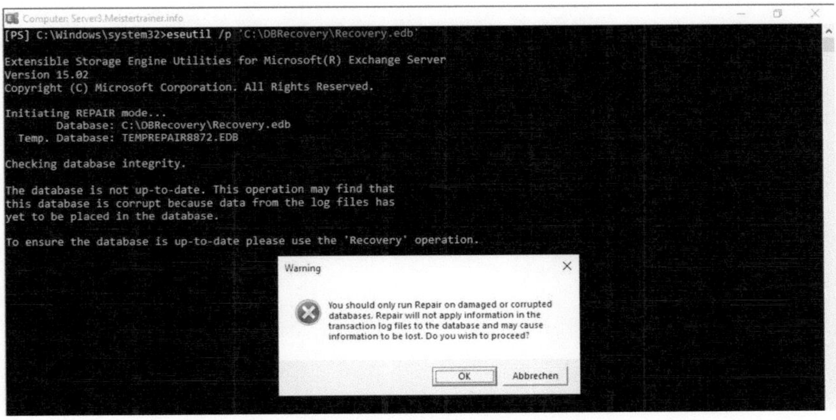


*Abbildung 6.21: Initiieren der Reparatur*

Dieser Vorgang kann sehr lange dauern, wenn die Datenbank sehr groß ist.

Danach sollten wir den Status überprüfen

```
eseutil /mh
'C:\DBRecovery\Recovery.edb'
```

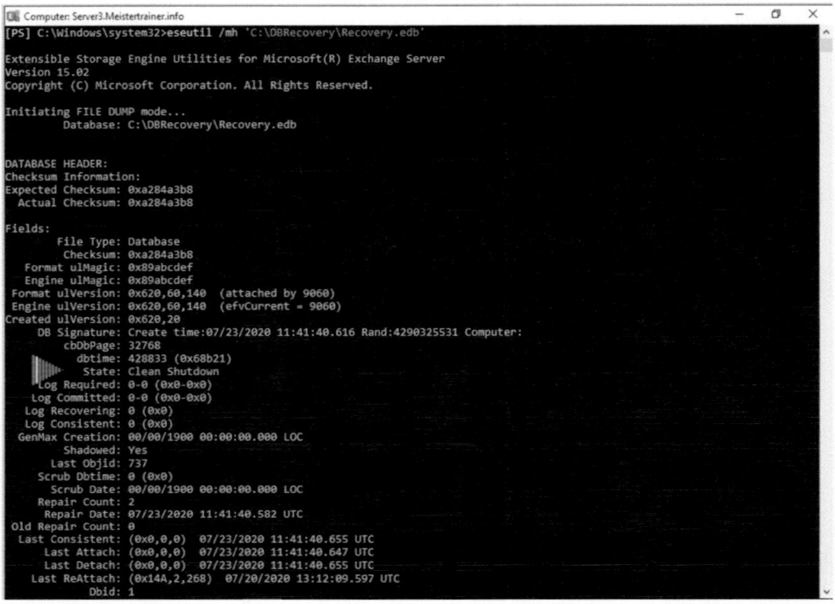


*Abbildung 6.22: Überprüfung*

Der Status sollte nun „Clean Shutdown“ sein.

Nun ist die Recovery Datenbank im richtigen Zustand und kann Online geschaltet werden.
Dafür benutze ich das Cmdlet

```
Mount-Database <NameDerDatenbank>
```

Und überprüfe den Erfolg mit

```
Get-MailboxDatabaseCopyStatus
<NameDerDatenbank>
```

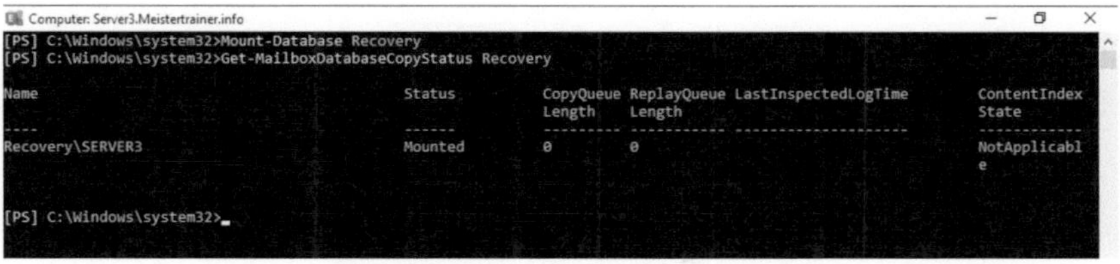


*Abbildung 6.23: Mount-Database*

Nun ist die Datenbank online und ich kann zum eigentlichen Wiederherstellen eines Postfachs schreiten.

Für die Wiederherstellung des Postfachs mit dem Benutzernamen „Administrator" gebe ich folgendes Cmdlet ein:

```
New-MailboxRestoreRequest -Name
"Administrator" -SourceDatabase
<NameDerRecoveryDatenbank> -
SourceStoreMailbox "Administrator" -
TargetMailbox "Administrator"
```

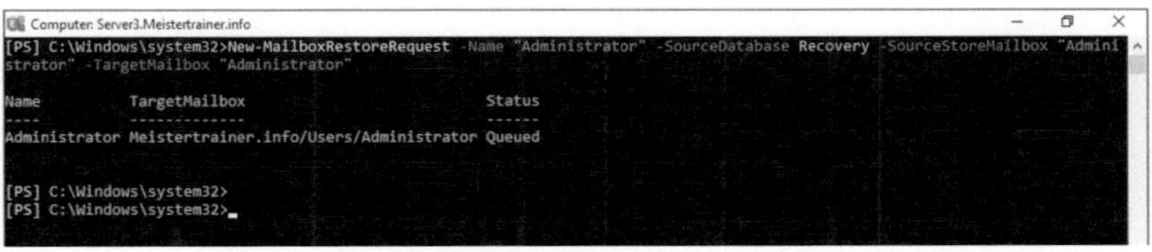


*Abbildung 6.24: Wiederherstellung eingeleitet*

Sie sehen, der Status wird zunächst als „Queued" angezeigt.

Das bedeutet, dass die Anfrage in eine Schlange gestellt worden ist und abgearbeitet wird.

Mit dem Cmdlet

```
Get-MailboxRestoreRequest
```

Kann der aktuelle Stand der Anfrage überprüft werden.

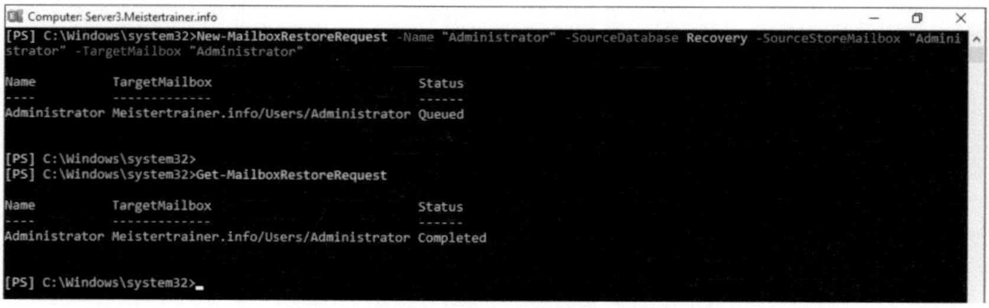


*Abbildung 6.25: Wiederherstellung fertig*

Nach einer Weile sollte der Status „Completed“ sein.

Damit ist die Rücksicherung eines einzelnen Postfachs abgeschlossen.

# 7 Exchange in der Cloud

Die Frage, ob Sie eine Exchange Organisation On-Premise aufbauen oder auf eine Cloudlösung ausweichen, ist nicht so einfach zu beantworten.

Wenn Sie eine funktionierende On-Premise Lösung haben, werden Sie wohl eher keine Wechselgedanken haben.

Sollte allerdings in absehbarer Zeit ein Update auf eine neue Version anstehen, werden Sie sich doch einige Gedanken machen müssen, ob Sie die Infrastruktur lokal weiterbetreiben oder doch in die Cloud ziehen.

## 7.1 Exchange On-Premise oder in der Cloud?

Betrachten wir einige Punkte, die zur Entscheidungsfindung beitragen könnten.

### 7.1.1 Was ist Exchange Online?

Microsoft bietet seine Exchange-E-Mail-Plattform jetzt als Service aus der Cloud an, entweder als eigenständiges Produkt oder als Teil eines Office 365-Abonnements.

Exchange Online ist im Prinzip ein E-Mail-Server, der in der Cloud gehostet und verwaltet wird.

Die Funktionen sind identisch mit denen der On-Premise Lösung, und solange Sie internetzugriff haben, können Sie sich mit dem E-Mail-Server verbinden.

Microsoft bietet zwei Pläne für Exchange Online an:

## Exchange Online Plan 1

- Exchange Online Plan 1 kostet etwa 3-4 Euro pro Benutzer pro Monat und bietet folgende Funktionen:
- Postfachgröße pro Benutzer 50 GB
- Nachrichtengröße möglich bis 150 MB
- Outlook und Outlook Web App Zugriff
- Mobiler Zugriff möglich
- Alle Exchange Funktionen, wie Kalender, Gruppen, Adresslisten, Aufgaben, Raumpostfächer
- Integrierter Schutz vor Schadsoftware
- Archivierungsfunktion

## Exchange Online Plan 2

Exchange Online Plan 2 kostet etwa 6-7 Euro pro Benutzer pro Monat und beinhaltet alle Funktionen von Plan 1.

Zusätzlich bietet es folgende Funktionen an:

- Bessere Archivierungsmöglichkeiten
- Unified Messaging-Dienste
- Richtlinien zur Verhinderung von Datenverlusten

## Vergleich

### *Kosten*

Betrachten wir nun die Kosten, die in beiden Varianten entstehen.

On-Premise benötigen Sie die Hardwareinfrastruktur, und müssen für die Wartung sorgen. Das ist ein nicht unerheblicher Kostenfaktor.

Auch die Softwarekosten schlagen zu Buche, sowohl für den Exchange Server selber als auch für die Clientzugriffslizenzen.

Exchange Online dagegen bietet die volle Funktionalität für einen kalkulierbaren monatlichen Beitrag.

### *Verfügbarkeit*

In einer On-Premise Lösung müssen Sie selber für die Zuverlässigkeit und Verfügbarkeit sorgen.

Dazu gehören sowohl die Hardwarewartung, um Ausfälle zu vermeiden, als auch die Verwaltung von Patches und Updates.

All das wird Ihnen bei einer Cloud-Lösung abgenommen. Microsoft gibt eine 99,9% ige Verfügbarkeitsgarantie.

Auch werden neue Versionen und Patches automatisch installiert, ohne dass Sie sich darum kümmern müssen.

### *Skalierbarkeit*

Die Skalierbarkeit ist natürlich bei einer Online-Lösung einfacher zu handhaben, da Sie nur zusätzliche Zugrifflizenzen kaufen müssen, sich aber um eine Aufrüstung des Servers nicht kümmern müssen.

### *Sicherheit*

Die Sicherheit ist das wichtigste Argument für eine On-Premise Lösung.

Nur lokal haben Sie die komplette Verfügungsgewalt über Ihre Daten, das kann eine Cloudlösung nicht bieten.

## 7.2 Hybridbereitstellung

Aber es muss auch nicht immer gleich die komplette Migration in die Cloud sein, Sie können auch eine Mischform benutzen, die sogenannte „Hybridbereitstellung“.

Bei einer Hybridbereitstellung benutzen Sie sowohl die On-Premise Bereitstellung, als auch Exchange Online.

Das hat den Vorteil, dass Sie mit beiden Möglichkeiten arbeiten und sich an die Online-Bereitstellung gewöhnen können.

Auch ist es ein Vorteil, dass Sie eine endgültige Migration langsam einleiten können.

### 7.2.1 Verzeichnissynchronisation

Eine Voraussetzung für die Hybridbereitstellung ist, dass Sie ihre On-Premise Active Directory Domäne mit einem Azure AD zusammenschließen.

Hierbei wird eine sogenannte Verzeichnissynchronisation eingerichtet.

Somit können Sie Ihre Active-Directory Konten mit Azure AD synchronisieren lassen, was eine Voraussetzung für einen Exchange Server in der Cloud ist.

Dafür können Sie ein Tool mit Namen „AD-Connect“ benutzen.

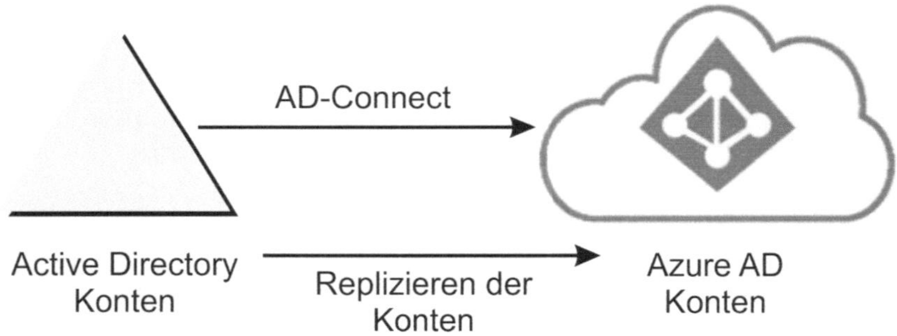


*Abbildung 7.1: Replikation der Konten*

Dies ist der erste Schritt, den Sie für eine Hybridbereitstellung gehen müssen.

Microsoft empfiehlt eine Hybridbereitstellung für Exchange 2010 und Exchange 2013 mit mehr als 150 Postfächern, wobei auch Exchange 2007 unterstützt wird.

Mit einer Hybridbereitstellung erweitern Sie die lokale Microsoft Exchange Infrastruktur in die Cloud und es ist für die Benutzer nicht mehr nachvollziehbar, welche Elemente On-Premise und welche in der Cloud verwaltet werden.

Eine Hybridbereitstellung kann ein Zwischenschritt bei der Migration zu Exchange Online sein.

Einige Funktionen erlauben Ihnen den nahtlosen Übergang zur Online-Lösung:

- Postfächer können von der On-Premise-Lösung zur Cloud-Lösung und zurück verschoben werden
- Kalenderinformationen können von der On-Premise-Lösung zur Cloud-Lösung und zurück verschoben werden
- Sie können eine Cloudbasierte Nachrichtenarchivierung für lokale Postfächer aktivieren

## Hybridbereitstellung Voraussetzung

Damit Sie zu Exchange Online migrieren können, müssen zusätzlich zur Anbindung des lokalen Active Directory an Azure AD und dessen Konfiguration einige Voraussetzungen erfüllt sein.

### *Lokale Exchange 2010-Infrastruktur oder höher*

Exchange 2010 wird für eine Hybridbereitstellung mindestens vorausgesetzt.

### *Aktueller Patchstand*

Sie sollten immer das neueste kumulative Update oder Update-Rollup installiert haben.

Es wird auch die unmittelbar vorhergehende Version unterstützt.

### *Lokale Exchange-Serverrollen*

Exchange 2016 und höher: mindestens ein Postfachserver muss installiert sein.

Exchange 2013 und älter: Die Postfach- und Clientserverrolle sollte auf einen Server installiert sein.

Die Hybridbereitstellung unterstützt auch Server auf denen die Edge-Transport-Serverrolle installiert ist.

Danach können Sie mit der Hybrideinrichtung beginnen.

Dafür wechseln Sie im Exchange-Admin Center auf „Hybrid“ und starten den Assistenten.

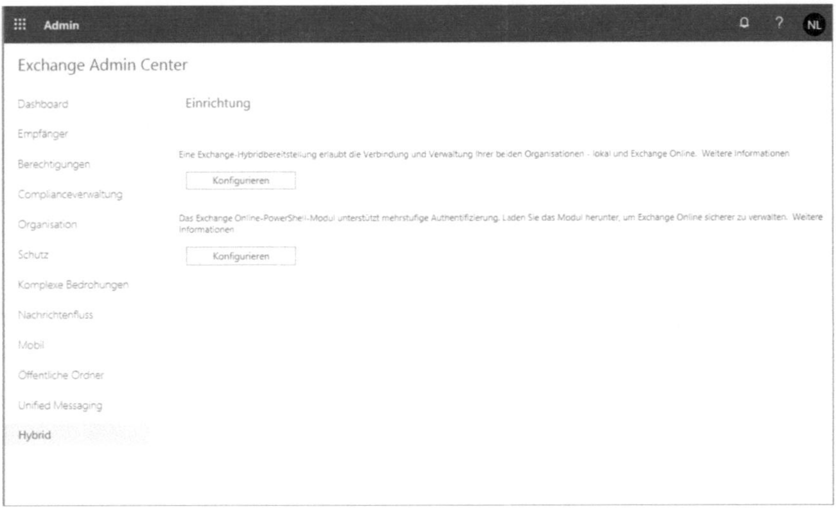


*Abbildung 7.2: Hybrideinrichtung*

Ein Assistent führt Sie nun durch die Einrichtung.

## 7.3 Komplette Migration zu Exchange Online

Mit der Hybrideinrichtung haben Sie eine gute Möglichkeit, beide Welten, also On-Premise und die Cloud gleichzeitig zu nutzen und am Schluss sogar endgültig zu Exchange Online migrieren zu können.

Aber es gibt auch noch einige andere Methoden, wie Sie Ihre Daten in die Cloud migrieren können, ohne den Umweg über eine Hybrideinrichtung.

Ich gehe in diesen Beispielen immer davon aus, dass Sie Microsoft 365 in der Cloud benutzen, denn darin sind alle benötigten Komponenten vorhanden oder leicht zubuchbar.

## 7.3.1 Übernahmemigration

Eine Übernahmemigration wird empfohlen, wenn Sie weniger als 150 Postfächer migrieren wollen.

Theoretisch können bei einer Übernahmemigration bis zu 2.000 Postfächer übernommen werden, aber die offizielle Empfehlung von Microsoft ist, maximal 150 Postfächer zu migrieren, da sonst mit erheblichen Leistungsverlusten zu rechnen ist.

Bei dieser Art der Migration müssen sowohl in der On-Premise Exchange Organisation als auch in Exchange Online einige Konfigurationseinstellungen vorgenommen werden.

### Schritt 1: Hinzufügen der Maildomäne zu Microsoft 365

Zunächst müssen Sie die Maildomäne zu Ihrem Microsoft 365 Abonnement hinzufügen.

Dies ist leider nicht profan, und kann an dieser Stelle nicht behandelt werden.

Sie müssen dazu eine E-Mail-Domäne registrieren und sie im Microsoft 365 Abonnement anmelden.

Danach können Sie diese Maildomäne im Internet ansprechen.

### Schritt 2: Verbindung zwischen On-Premise Exchange und Exchange Online herstellen

Eine Verzeichnissynchronisation ist hierbei keine Voraussetzung, diese Art der Migration können Sie vornehmen, ohne eine Verbindung zwischen Ihrer On-Premise Domäne und Azure AD hergestellt zu haben.

Der Rest der Konfiguration wird im Exchange-Online Admin Center vorgenommen.

Sie wählen die Migration aus, und wählen als Migrationsendpunkt „Outlook Anywhere“ aus.

### 7.3.2 Weitere Migrationsarten

#### Mehrstufige Migration

Die mehrstufige Migration wird im Endeffekt genauso ausgeführt wie die Übernahmemigration, nur werden hierbei nicht alle Postfächer gleichzeitig migriert, sondern immer nur ein Teil.

#### Expressmigration

Mithilfe der Expressmigration können Sie in kürzester Zeit auf Exchange Online migrieren.

Die Voraussetzungen sind

- Mindestens Exchange 2010 oder höher
- Komplette Verwaltung der Benutzer im Azure Active Directory geplant, die Verzeichnissynchronisation soll später nicht mehr verwendet werden

#### IMAP-Migration

Selbst, wenn Sie momentan ein anderes Mailsystem als Exchange Server benutzen, können Sie die Daten mit der IMAP-Migration übernehmen.

Hierbei werden allerdings nur die Postfächer übernommen, nicht aber zusätzliche Informationen, wie Kontakte oder Kalender.

Die IMAP-Migration nehmen Sie wie die Expressmigration im Microsoft 365 Admin Center vor.

Sie finden hier vorbereitete Assistenten für die Migration von Gmail, Outlook, Hotmail und Yahoo. Aber natürlich können auch Daten aus anderen Systemen migriert werden, Sie müssen hierfür nur die Parameter selber eingeben.

Auch, wenn Sie einen Exchange Server 2000 oder älter verwenden, müssen Sie mit der IMAP-Migration arbeiten.

Sollten die zu migrierenden Postfächer sehr groß sein, können Sie die .pst-Dateien auch mithilfe eines zusätzlichen Dienstes zu Microsoft 365 in die Cloud laden. Dieser Dienst nennt sich „Office 365-ImportDienst".

# Index

Administrator Praxis
Grundlagen Exchange Server